チャートが導く相場の
いいとこ取りが
お金を増やす

一生役立つ

投資の基本技術

誰でも学べば

田向 宏行

基本技術

自由国民社

最初に投資の基本を学ぶと
どんな金融商品でも対応できる

　私は現在50代で、投資を始めて30年弱ぐらいになります。

　学生時代はいわゆる落ちこぼれでした。投資を始めたのも、社会に出遅れた分を何かで取り返したかったからでしょう。親にもずいぶん迷惑をかけましたが、投資のおかげで自由にできる時間が増え、晩年の父をできるかぎり自宅で介護することができました。少しは恩返しできたかもしれません。

　最初の投資は銀行で始めた金の積立。その後は株式投資も始めました。ただ、金も株も投資を学んでから始めたというわけではありません。なんとなく目についたものをやってみただけです。いわば、よくある素人の思いつき投資です。

　その後は仕事の合間に、気が向いたときや、金融市場がニュースなどで話題になったときに取引するぐらいの、パンピー投資家でした。このころは自分が投資家になって本を何冊も書くようになるとは思ってもいませんでした。むしろ、事業家や経営者になろうと思って、事業の拡大を目指していました。

本格的に投資を学び始めたのは、仕事を辞め、FXを始めたころです。

　FXを始めるとき、つまり仕事を辞めたときには「なんとか投資で食って行けないかな」と考えました。当時は人間関係に疲れていたのかもしれません。それでも、お金を稼がなくては生活できません。**その点、投資は人と争いませんし、自分1人で完結するのも魅力でした。**

　投資に本腰を入れようとしたとき、3つの選択肢を考えました。「これまでの株式投資の本格化」「不動産投資」そして「FX」です。そのなかから当時の私はFXを選択して、メインの収入源としました。これは資金効率やリスクを考えたからです。そして、収益が増えるとともに株式や不動産にも拡大しています。少し難しくいうと、「デリバティブのＦＸでリスクを取って稼ぎ、儲かった分を現物の株や不動産に長期投資して資産化する」ということです。

　こうした私の投資経験から、本書でお伝えしたいことは、「投資の基本はみんな同じ」なのに、その「基本やしくみを知らずにカモになる人が多い」ということです。逆にいうと、**「最初に投資の基本を学ぶと金融の基礎知識が身につくので、株でもFXでも不動産でも、どんな金融商品でもその個別特性を学ぶだけですぐに対応できる」**ということでもあります。

　つまり、何事も基本が大切なのです。

　投資というと、すぐに「株はこうして儲けろ」とか、「不動産で安定収入とか」とか、「FXで億を目指せ」というような、投資商品別の情報が目に入ります。また、証券会社や不動産会社など、商品の売り手側から提供されている情報が溢れています。

こうした情報のなかで、あなたと同じ個人投資家視点のものを見つけるのは大変です。この点は私が投資を始めたときもそうでしたし、残念ながら現在もこうした個人投資家の切り口で投資の基本を伝えてくれるものに出会えていません。

そんななか、私は自由な立場の個人投資家なので、本音のFX本をこれまでに4冊上梓させていただいています。これらの著書ではテクニックではなく、相場の考え方や基本となるものをお伝えしてきているつもりです。おかげ様で今も国内と海外で増刷されていて、著者としてはうれしい限りです。FXとテクニカル分析に足を踏み入れる方々の参考となっていれば、苦労して書いた甲斐もあります。

そして、今回は、これから投資を始める方にぜひ知っておいてもらいたい「基本的なこと」を書かせていただきました。

投資で大事なことは、次の3つです。

1．投資の収益は入口と出口で決まる、いいとこ取り
2．すべての金融相場は売り手と買い手でできている
3．自分を助けてくれる人は誰もいない

このように書くと、当たり前のように思えるかもしれませんが、この3つについて、それぞれをじっくり考えている人は案外少ないものです。それはすでに投資を始めている人もそうですし、これから始めようとする人ならなおさらです。

私は、「投資は技術」と考えています。天才的な洞察力や学力ではなく、誰でも基礎を知って技術を身につければ、そこそこの収益は得

られるということです。落ちこぼれだった私がそうなのだから、間違いありません。投資は年齢性別学歴などが一切不問です。

　また、**投資の世界ではナンバーワンになる必要もありませんし、誰かと競う必要もありません**。地道に淡々と自分の投資と向き合い、考え、知識と経験を積み重ねていくことが大事なのです。有名でなくても優秀な中小企業が多いように、名もない成功した投資家はいっぱいいます。

　そして、もうひとつ投資の大切なことは、「**子どもの代への知の継承**」です。

　親子で投資する例は、最初の著書でも紹介していますが、親の立場からすれば現実社会を教える一環になります。一方、子どもは労働力を時間で売る一般的なアルバイトではなく、知識で収入を得る道を経験することになります。昔から、医者の子どもが医者になったり、学者の子どもが研究者になったりといった家庭がよくみられるのは、身近で親の背中を見てきているからでしょう。

　これは投資でも同様で、親が投資をしていた人は、投資が身近で自然なものなので、投資を始める人が多いようです。**今、投資を学んでいくということは、自分が収益を得るだけでなく、子どもの代に投資知識を継承する、という点でも大切なことだといえます。**

　本書がそうしたお役に立てれば、無上の喜びです。

2021年7月
田向宏行

contents

そもそも投資とは何か？

2章 投資で成長する ための考え方

3章 投資が儲かるしくみ

4章 ダウ理論で値動きを分析する

5章 利益につながる 戦略を知る

6章 投資時間を味方につける

1章

そもそも 投資とは 何か？

投資と聞くと、みなさんはどのようなものをイメージするでしょうか。ここでは金融投資とはどのようなものなのか、どんなことに注意していくべきなのかを説明していきます。

誰も味方ではない
投資を考える人が最初に知るべきこと

「カモ」にはならない

私たちが投資を始めるためには、証券会社、FX会社、銀行など、金融商品を取り扱う会社で口座を開き、そこで取引しなくてはなりません。私たちはこうした会社を通じて、投資の利益を狙います。彼らの利益は、ほぼ私たちが支払う**取引手数料**です。つまり、**私たちは投資を始めた時点で、自分の利益の前に、金融機関に「手数料」という利益を与えている**のです。

このように投資には必ず取引相手がいて、利害関係が生まれますが、投資初心者と金融機関では情報量も力関係もまったく違います。

相手は仕事として一日中、一年中ずっとお金のことを考えています。そして私たちのように、これから投資を始める「ウブな個人」を扱う商売経験も豊富です。一方、これから投資を始めようとする個人はほぼ何も知りません。

つまり、私たち個人投資家はスタート時点で圧倒的に不利です。楽観的な人は、金融機関の人や取引先の人が投資初心者である自分の判断を助けてくれる、儲けさせてくれると考えるかもしれませんが、そうではありません。そういう期待を抱く人を投資の世界では「**カモ**」といいます。

最初に伝えておきますが、金融機関が、私たちを儲けさせてくれることはありません。私たちは顧客なので、投資について右も左もわからないということであれば、親切にしてくれるでしょう。いろいろな提案やアドバイスもしてくれるでしょう。だからといって、それが私たちの利益につながるわけではないのです。

金融機関の利益は、投資する人の手数料ですから、取引してくれればいいのです。「儲かったからもっと取引しよう」でも、「損したから取り戻そう」でも、取引する動機は何でもよいのです。取引金額、取引回数が大き

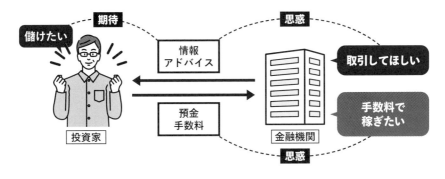

くなればなるほど、金融機関の手数料収入が増えるしくみだからです。

「未来予想」ではなく「しくみ理解」に力を入れる

　これだけ投資初心者が不利な状況なのに、なぜ金融機関を頼りにする人が多いのでしょうか。自分にはわからない未来を、金融業界の人なら知っているかもしれない、そんな期待があるのかもしれません。

　これは、**完全な誤解**です。未来がわかる人はいません。そして、投資で利益を得るために重要なのは、**未来を「予想して当てる」のではなく、市場で値段が動く「しくみを理解する」**ことです。このしくみを知らないから予想しようと考え、それが難しいとわかると、リスクを先送りして長期で投資したり、リスク分散して投資したりするほうがよいように思えてきます。

　このスタートで間違えると、後々修正が大変になっていきます。「**投資は自己責任**」です。つまり、誰も助けてくれません。だから、私たちは自分で投資の基本を学ばなくてはならないのです。

---

memo ✎

投資であてにできるのは「自分」のみ

結果を期待して出費する
お金を増やすための出費が「金融投資」

投資の方法は選択肢が無限にある

投資とは、何かの結果を期待して、自分のお金を投入することです。

親が子どもの将来に期待して習い事をさせるのも投資ですし、金融商品を買って利益を期待するのも投資です。その意味では、はじめてのデートで印象をよくするためにいい服を買おう、というのも投資といえますね。

つまり誰もが無意識に「**投資**」をしているわけです。なかでも、お金が増えるのを期待して、お金を投ずるのが「**金融投資**」で、一般的に「投資」というと、この金融投資のことを指します。

投資を難しいと考える理由のひとつは、その方法がほぼ無限にあるからです。株やFX、海外の株や債券など金融商品は無数にあります。また、投資した利益を得るまでの期間もさまざまです。子どもに投資するなら、習い事など、選択肢も限られますが、金融投資は無数の金融商品と無限の

【図2】結果を期待してお金を出すのが投資

親が子の将来に期待し学習などにお金を使うことも投資

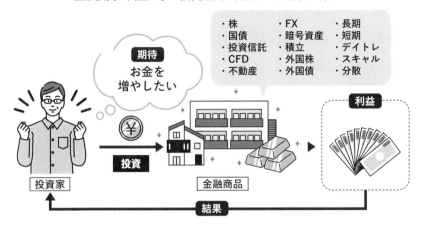

【図3】金融投資は無数にある

金融投資は商品が多く投資期間も自由なため選択が難しい

・株　　　・FX　　　　・長期
・国債　　・暗号資産　・短期
・投資信託・積立　　　・デイトレ
・CFD　　・外国株　　・スキャル
・不動産　・外国債　　・分散

期待
お金を
増やしたい

投資家　　投資　　金融商品　　利益　　結果

時間の組み合わせであるため、自分にとって何が適切なのかがわからないのです。つまり、**投資が成功するポイントはココにあります**。

金融投資は感情に左右されない方法が大事

また、金融投資がほかの投資と違うのは、**ダイレクトにお金が動くこと**です。お金は人の欲や恐怖心を刺激します。つまり、金融投資は人間の欲と欲がぶつかり合う弱肉強食の世界なのです。だから、まずは外から覗きながら、少しずつ安全そうな道を見つけて、なかへ入っていくことをおすすめします。

そして、金融投資で失敗すると、気持ちが大きくへこみます。だからこそ、投資を始めるときには選択肢などの知識とともに、感情をコントロールする**技術**と**経験**が必要なのです。

---

memo ✐

無限にある選択肢が投資を難しくしている

投資先を6つに分けてみる

無限にある金融商品は
分類して整理してみる

投資先を知ると投資がわかるようになる

　投資先の選択が難しいのは、専門用語も多いうえ、いろいろなものが絡み合っているからです。もしかしたら素人にわかりにくくするために、わざと複雑にしているのではないか、と勘繰りたくなるぐらいです。

6つのジャンルに分けて把握する

　金融商品にはさまざまなものがあるうえ、取引方法も単一ではありません。たとえば株に投資するにも、銘柄を直接買うほかに投資信託という手段もありますし、NISA（ニーサ）でも株が買えます。また、現物取引もあれば信用取引もあり、銘柄により取引方法も違います。さらに、日経225のような株式指数を取引する投資もあります。日本株だけでもこんなにいろいろ取り扱いがあって混乱するのに、近ごろは米国株や米国の投資信託、積立なども注目されています。

　そこで、私は投資先を6つのジャンルに分けています。それは、①債券、②株式、③外国為替、④商品、⑤不動産、⑥その他です。
　私が投資のメインとして日々のお金を稼ぐことに使っているFXは、「外国為替」の一部です。また、あまり見慣れない「商品」とは、金や原油、小麦などの穀物をはじめ、コモディティともいわれるものです。近ごろ注目されているビットコインや暗号資産などは新しいものなので、「その他」で考えています。

　では、このジャンル分けに出てきていない、「NISA」や「iDeCo」、「投資信託」や「長期」、「積立」、「デイトレ」、「デリバティブ」などは何のこ

【図4】投資先の分類

債券	**売買益＋利子・金利** 政府や企業が発行する債券の売買時に生じた差額と貸与時の利子や金利で利益を得る
株式	**売買益＋配当（株主優待）** 企業が発行する株式の売買時に生じた差額と投資企業からの配当金で利益を得る
外国為替	**売買益＋スワップ金利** 異なる通貨の売買時に生じた差額と金利差で利益を得る
商品 （コモディティ）	**売買益** 金、原油などの売買時に生じた差額で利益を得る
不動産	**売買益＋賃料収入** 住宅、土地などの売買や貸し出し、その家賃を利益として得る
その他	**主に売買益** ビットコインやアルトコインなどの暗号資産（仮想通貨）の売買時に生じた差額で利益を得るなど

とでしょう。

　これらは投資対象ではなく、取引方法や節税の制度、年金の制度などです。つまり、先に挙げた6つのジャンルや、それらの組み合わせでどのようなやり方をするか、またその際に何か税金などの優遇措置があるか、という話です。

　たしかに税金や手数料が少なければ相対的に利益が増えますが、**まずは、何に投資するのが自分に合うか、メリット・デメリットを知ることが基本です**。そのうえで、節税や組み合わせを考えるほうが「カモ」にされにくくなります。

---

memo ✎
カモにならないためには、用語やしくみを調べよう

副業での収入は未来を豊かにするのか

誰もがほしいお金を増やす選択肢

投資技術でお金が減るリスクを抑える

より豊かな生活をしようと思えば、より多くの自由に使えるお金があったほうがよいと思うはずです。でも、自分のお金を増やす方法は2つしかありません。

ひとつは「**収入を増やす**」ことです。当たり前ですね。しかし、今の給料や収入が急に上がることは考えにくいですし、転職することで収入が増える人も限られています。となると、本業以外の収入を考えることになります。

まず思いつくのが**副業**や**兼業**です。最近はこれらを容認する会社も多くなり、少し前には週末だけ別の仕事をする週末起業が流行ったりしました。

たしかに、副業や兼業で働くことは労働時間が増えるので、収入増になるでしょう。しかしこれは、自分の時間を売ってお金を得ているわけで、将来の豊かな生活につながるかは疑問です。また副業や兼業でケガをしたような場合、本業にも影響して大きな逆回転になりかねません。日本全体が不景気になると、副業も見つかりにくくなるでしょう。

この点、投資はそうした危険がありません。注意すべきは、お金が減るリスクだけです。ということは、「**お金が減るリスク**」をコントロールする技術を身につければいいだけです。これが投資技術の中核で、そのために基本を知ることが重要です。

コストカットのみでは限界がくる

自分のお金を増やす方法の2番目は、「**支出を抑える**」ことです。これも当たり前ですね。節税や節約をしたり、リモート勤務を機に郊外へ移住

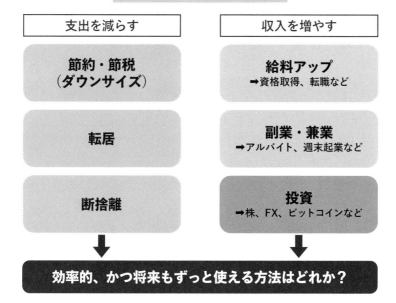

【図5】使えるお金を増やす

支出を減らす	収入を増やす
節約・節税 （ダウンサイズ）	給料アップ ➡資格取得、転職など
転居	副業・兼業 ➡アルバイト、週末起業など
断捨離	投資 ➡株、FX、ビットコインなど

効率的、かつ将来もずっと使える方法はどれか？

したり、物を持たないミニマムな生活もコストカットになります。これらはお金が減るリスクもないので、そうした細かなことが苦にならない人にはとてもよい方法かもしれません。

　ただし、**コストカットするだけでは収入は増えないので、いずれ限界がきます。**伸びしろがありません。また、今回のパンデミックで今後は税金、保険料などの負担も増えるはずです。

　よって、「**収入を増やして支出を抑える**」というように両者をうまく組み合わせるのが一番効率的です。しかも、投資には限界がありません。億を稼ぐ人もいます。だから投資はお金を増やす方法として魅力的なのです。

---

memo ✏

投資収益には限界がない

コロナ禍でも影響を受けない
金融市場は止まらない
非常時も投資はできる

経済活動が止まっても金融市場は動く

2020年に発生した新型コロナウイルス感染症は、世界中の人々の生活を大きく変えました。ロックダウンや営業自粛によって、世界中で人の移動が止まり、需要が消え、多くの商取引がなくなりました。そして世界経済は大きなダメージを受けました。**多くの人が影響を受けるなかで、ほぼ影響を受けなかったのが金融市場**です。お金の流れや決済、投資に関わる金融市場は、ほぼ通常通りの動きで、決済や融資、そして投資も行われています。

2020年3月に欧州がパンデミックになると、米国のダウ平均株価も日経平均株価も急落しました。しかし、その後はいずれも急回復して下落する前よりさらに株価は上昇しています。**ショックを受けても回復する**——。**これは、経済活動が止まったほかの業種との大きな違いです。**

コロナ禍でも世界中からお金が集まる

金融は経済の血液といわれます。経済のどこかに問題が発生しても、**金融は止まりません**。経済を人間の身体にたとえれば、どこかの臓器（国や通貨や市場）に問題が発生したとしても、すべての臓器に関わる血液（金融）は絶対に止めない、ということです。

21世紀になってからだけでも、2001年9月の米国同時多発テロ、2008年9月のリーマンショック、2011年3月の東日本大震災など、不幸な出来事はありました。しかし、金融市場はほぼ影響を受けません。重大な事件や災害によって、金融が滞る可能性があれば、各国から資金が投入され、血液の流れ（金融システム）は確保されます。今回のコロナ禍でも世界中から輸血（資金投入）されて、金融システムは維持されています。またこ

【図6】新型コロナウイルスによる暴落時のダウ平均と日経平均

〈ダウ平均 週足 2018年1月〜2021年5月〉

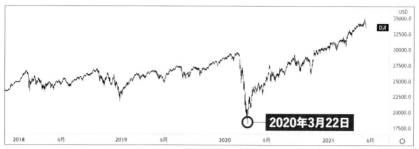

チャート提供:TradingView(https://jp.tradingview.com)

〈日経平均 週足 2018年1月〜2021年5月〉

チャート提供:TradingView(https://jp.tradingview.com)

の資金投入で投資も盛んになり、株価はV字回復しました。ときにはこの資金が**バブル**を生み出すこともあります。また、まれに金融システムの末端といえる銀行や証券会社などの個別の金融機関が倒産することはあります。しかし、血液は流れ続けるため、全体としての金融システムは守られるのです。だから、私を含め個人投資家の仕事は影響を受けません。**投資は今後の不透明な世界を生きるなかで大きなアドバンテージ**です。

　ただ気をつけないといけないのは、投資といっても、金融商品によって性質が大きく違うことです。だから選択が難しいのです。

memo ✎

非常事態でもお金の流れは止まらない

投資はメンタルゲーム
経済学と投資は
目的が異なる

経済学はあくまで学問

　投資を始めようとしたとき、経済学を学ぼうとする人がいます。**投資＝経済と考えているのだと思いますが、利益にはつながりにくいようです。**何かを学ぶのはすばらしいことですが、努力の方向が間違っていれば意味がありません。努力は正しい方向に向けてするから、意味があります。

　現実の経済や金融市場が学問通り動くなら、日本も世界も現在のような状況にはなっていません。学問と現実社会は違うのです。日本政府にも経済学者や経済学を修めた優秀な人々が多数参画していますが、結局はこの20数年間ほぼゼロ成長です。

　また、投資分野でもノーベル経済学賞を受賞した高名な学者達が1994年に創設した米国のヘッジファンド「**LTCM**」は５年で破綻しました。

　最近の例として、2013年から実施された一連の経済政策、**アベノミクス**を思い返してみましょう。

　日銀は異次元の金融緩和をすることで、２年間で消費者物価上昇率を２％にする、という目標を示しました。しかし、８年が経過した現在まで一度も２％に達していません。学問と現実は大きく違うのです。

投資は現実の値動きに対応した臨機応変さが必要

　投資は欲望と恐怖が支配するメンタルゲームの側面が強くあります。**取引する人の感情**が大きく影響するからです。値段が急騰して合理的ではない値段でも買う人がいるのは、「ここで買わないと二度と買えない」と欲や恐怖心を抱くからです。

【図7】投資を学ぶ

経済学	投資
・経済合理性と現実は違う 人は理論通りには行動しない	・欲望と恐怖のゲーム 現実に即した臨機応変が必要

金融市場の値動きに対して臨機応変に対応する

　私が投資を学ぶためにおすすめするのは、**金融市場の値動きを考える**ことです。

なぜ値段が動くのか。

　これがわかれば、値段が上がるものを買えば儲かりますし、値段が下がるものを売れば利益を得られます。学問を根拠に未来を予想するより、**現実の値動きに従うほうが利益になりやすい**のです。

　私は、投資はビジネスと同じだと考えることが適切だと思っています。ある程度の学問的知識やデータは、それなりに役に立ちますが、実際の経済はその通りには動きません。大事なのは現実に即して臨機応変の対応を取ることです。

経済学は事後
説明が得意

---

memo ✎

値段が変化する理由がわかれば儲かる

投資しようとするとよく聞く建前

お決まりのフレーズは裏を考える

どんな情報も裏側を見る

投資を始めようと思うと、いろいろな情報や意見を目にするでしょう。しかし、投資には相手がいて利害関係があります。何でも真に受けてよいとは限りません。投資でお決まりのフレーズを裏読みして、言う側の本音を探ります。

「投資は余剰資金で……」

「投資は生活費とは関係のない、余裕資金でしましょう」ということです。つまり、**投資はうまく行かないという前提**です。もしかしたらうまくいくかもしれないけど、失敗することが多いから、失敗しても生活に支障のない範囲でやってね、というわけです。

ただ、商売やビジネスでは余剰資金で投資するとは限りません。借り入れる場合もあります。投資で大事なのはリスクマネジメントで、これができない素人へのメッセージということです。このフレーズを使う人は、自分たちは一切責任を負わないという宣言ともいえます。ときには私も使うフレーズです。

「分散投資で……」

投資先を何かひとつに集中するのではなく、分散することでリスクを下げる、ということです。

たしかにリスクは減るでしょう。しかしリターンも増えません。にもかかわらず、確実に儲かる保証はどこにもなく、分散投資したのにリターンがマイナスということさえあり得ます。また、この考えは投資先の選択を

【図8】投資を始める人に向けた言葉を裏読み

フレーズ	言う人の本音	裏読み
余剰資金で……	投資はうまくいかないかもしれない	証券会社や金融のプロも何が儲かるかわからない
分散投資で……	何が儲かるかわからない	
長期投資で……	よいときも悪いときもあるけれど、それがいつかはわからない	
米国の……	日本の将来に不安なら米国や世界へ	

「取引してほしい」「手数料が欲しい」というのが本音

広げています。ビジネスでは、選択と集中といわれているのに、投資は分散。つまり集中できないからリターンが減ります。選択できず、いいなりになるなら、「**カモ**」になりかねません。中途半端なのです。

　もし潤沢に資金があるなら、同じようにリターンの低い元本保証商品のほうが適していることになります。お金を大きく増やしたいなら、リスクを大きく取る必要があります。

「**長期投資で……**」

　相場には波があり、値段が上がるときもあれば、値段が下がってしまうときもあります。つまり、投資で利益を狙うには、相場の波を見つける技術が必要ですが、難しいのです。そこで、**放置しておける長期投資のほうが簡単だ**ということです。目先の波はわからなくても、長期的には緩やかに上昇する大きな波に乗っているだろう、という**成長一択**の考え方です。
　しかし、上昇の波が大きければ、下落も大きくなることを考慮していない点が最大のリスクです。

【図9】米国流を鵜呑みにはしない

米国	・世界の覇権国家である ・ドルが基軸通貨だから為替を考慮する必要がない ・移民により人口増加が継続している

↓

米国で今流行の米国の投資商品を取り入れる？

↓

金融規制や投資条件の違いがあるため
単純に真似るのは危険

条件が違うものは鵜呑みにしないようにしましょう

「米国の……」

　最近は米国流が流行りです。株、不動産、ファンドなど、米国ではこうした投資が成功している、ということですが、**ここは日本です。米国在住なら米国流は取り入れる価値がありますが、他国では金融規制の違いもあり条件が違うため、鵜呑みにするのは危険です。**

　米国で投資がしやすいのは、米国が覇権国家で、ドルが基軸通貨だから為替を考慮する必要がないからです。加えて、米国は移民により人口増加している国でもあります。この**覇権、基軸通貨、人口増**という経済に大きくかかわる3点が米国と他国ではまったく違うのです。

memo ✐

情報を鵜呑みにすると「カモ」られる

投資・投機・資産運用の違い

お金を使って
お金を増やす

投資・投機は何かにお金を投入して収入を得ること

投資を始めると、似たような言葉を目にします。

投機、投資、資産運用、資産管理、トレードなど、似たようで少し違うこれらの用語は何なのか。最初に迷うところではないでしょうか。

こうした用語を調べても、明確な違いは見つけにくいでしょう。そこで本書の視点も含め、これらの違いを考えていきましょう。

「投資・投機」のように「投」の字がつくものは「お金を投入する」ということです。何かにお金を投入して利益を得ようというものです。

「投」の字を使わないときは単純に「運用」という場合もあります。「運用」もお金を働かせることです。この「お金」は現金、キャッシュのことです。手持ちの預貯金などを株やFX、投資信託、不動産などに投入して利益を得ようとするものです。

ときには、「投資はいいけど、投機はよくない」などという人もいますが、こうした人がいれば、2つの違いを聞いてみましょう。どちらもお金を投じて収益を狙うことは同じなのに、投じる期間が短いと投機と呼ばれ、長いと投資としている場合が多いようです。しかも、長短の基準がありません。つまり、言う人の都合に過ぎません。

資産運用は保有資産から収入を得ること

「資産」という言葉がつくと、少し違ってきます。資産は現金に対してではなく、不動産や株券（現在、事実上の株券はありません）、債券などの形あるもの、いわゆる財産を資産と示す場合がほとんどでしょう。

つまり「資産運用」となれば、すでに所有する不動産や株、債券などの

【図10】 手段によってアプローチが違う

手段	目的	概要
投資 投機	投資と投機に大差はなく、お金を使ってお金を増やす積極的運用。キャピタルゲイン狙い	・種銭(投資で使えるお金)を大きくする ・多少のリスクを取る

 ある程度お金を稼いだら運用する

手段	目的	概要
資産運用 資産管理	「資産」の保有が前提。保守的運用。保有資産からのリターン(インカムゲイン)狙い	・資産からの収益 ・リスクを下げる ・次世代への継承

金融財産を一度売却して現金化して別のものに投資したり、財産を担保にした借入金で投資したり、土地だけだった財産に建物を建てるなどして財産の形を変えたりしたときなどに使われるようです。前述の「投資・投機」との大きな違いは、「資産運用」はすでにある程度の「資産」つまり財産を持っている前提です。

「投資家」より「資産家」のほうがお金持ちに感じるのも、このためかもしれません。

　もっと簡単にイメージするなら、**投資や投機はお金を稼ぐこと(キャピタルゲイン)、資産運用や管理は保有資産から収入を得る方法(インカムゲイン)**とイメージするとわかりやすいでしょう。

まずは投資を学び選択肢を増やしていく

　私自身はFXと株、そして不動産投資をしています。つまり「投資や投機」と「資産運用」をしているわけですが、これらのアプローチはそれぞれ違います。

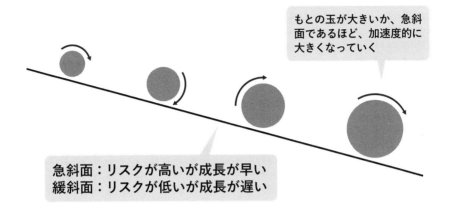

【図11】投資は雪玉転がし

もとの玉が大きいか、急斜面であるほど、加速度的に大きくなっていく

急斜面：リスクが高いが成長が早い
緩斜面：リスクが低いが成長が遅い

　こうした投資ジャンルの違い、目的の違いや性質の違いを理解していないと、お金がないのに無理なローンを組んで不動産投資を始めて破綻したり、退職金や相続で得たまとまったお金を突っ込んで失敗したりします。

　また、取引タイミングや取引方法にも違いがあります。大切なお金を失うと精神的にヘコみますし、それが自分のなかで大きな比率であればその分ダメージも大きくなりますから、どんな人もまずは投資を学ぶことが大切です。

　投資でお金を増やすのは、**雪玉転がし**と同じです。もとの玉が大きいほど、または、斜面が急でスピードがあるほど、加速度的に大きく成長します。そしてスピードが上がれば、コントロールが難しくなります。つまり、リスクが高いということです。だから、目的が同じだとしても、もととなる財産があるかどうかで投資方法やジャンルが違ってきます。

---

memo ✐

投資でお金（種銭）を増やして、さらにお金を増やす

儲かり続ける商品はない

大事なのは
大きな波に乗る技術

枝葉の金融商品よりもまずは幹の部分を理解する

　私はもう10年以上専業投資家で、投資からの収益を本業としています。
金融機関に勤めた経験がなくても、弱肉強食の金融市場で今までなんとか
生き残っています。すると周囲の人から「何に投資すれば儲かるの？」と
いう質問をされることがよくあります。

　この質問への答えはいつも同じで、**「基本を理解して実直に行えば、何
に投資しても、たぶん儲かります」**というものです。

　投資を始める多くの人は何の準備もせず、投資の基本を学ぶこともなく、
枝葉となる金融商品（株、FX、不動産、海外投資など）の取引を始めます。
とにかくやってみる、という人がかなり多いのです。30年前の私と同じ
です。明らかに無謀です。素人が格闘技の試合に出場するようなものです。

　私自身の経験からは、**投資の幹を知っていれば、さまざまな枝葉への応
用が利きます**。すると、自分に合っているものが見えてきて、将来投資を
拡大するときにも役に立ちます。

今、好調なものが将来も好調なわけではない

　何に投資したから儲かる、損をするということはありません。株でも、
FXでも、不動産でも、儲ける人は儲けますし、損をする人は何をやって
も損をします。これは**投資対象の問題ではなく、投資する本人の問題**つま
り、基礎知識の理解や経験値の差なのです。

　それでも「今、何の投資が儲かるか」をネットで探してから始める人が
多くいます。こうした人は少し前のブームに左右されます。

　少し実例を出しましょう。2007年か2008年ころに投資を始めた人はFX

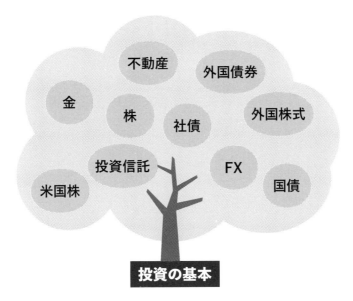

【図12】投資の根幹を知る

不動産
外国債券
金
株
社債
外国株式
投資信託
FX
米国株
国債

投資の基本

を始める人が多かったようです。というのも、2000年代中盤はFXブームで、極端なレバレッジも使えるので、「夜買ったら朝には儲かっていた」というノリでした。この夢のような状況はリーマンショックの前に崩壊します。

　ブームには終わりがきます。同じく2021年の今、投資に興味を持った人は株に注目するでしょう。2013年からのアベノミクス相場で株価は大きく上昇しているからです。この10年以内に株を始めた人はだいたい儲かっているはずです。

「何が儲かるか」ではなく、こうした**金融市場の大きな波を見つける技術、波に乗る技術を身につければ、いつでも儲けられる**ということです。

memo ✎

今儲かるものより相場の波を見つけることが大事

保有資金量と時間がカギとなる
投資は個人的なもの
投資の目的を考える

目的をハッキリさせてモチベーションを維持する

投資はとても個人的なものです。人によって投資の目的や資金、年齢などの環境が違うからです。今、投資を始めようとしているなら、何のための投資か、投資の成果をいつ受け取りたいのか、自分の人生のステージに合わせて考えてみてください。

なぜ、単にお金だけではなく、投資目的を考えるべきかというと、**投資でお金を稼ぎ、資産を増やすことは、あなたの目的を達成するための手段**であるはずだからです。ということは、目的が明確でないと、投資を続けられません。目的に適した金融商品や投資方法があるからです。

投資をしていれば、損をする場面が必ずあります。残念ながら「必ず」です。順調に資産が増えていたのに、何かのきっかけで大きく目減りすることは当たり前に起こります。100年に一度といわれる暴落は私の経験上、10年に一度は起こります。そして100年に一度は、本当の大暴落です。

こうした苦しいとき、投資がイヤになって腐るときに続けられるかどうかが、中長期的に利益を増やし資産を拡大できるかどうかの分岐点です。**苦しいときでも目的がハッキリしていると、投資を続けるモチベーションを維持できる**からです。

金融機関の人によれば、株式投資でもFXでも積立投資でも、5年続けている人はかなり少数派です。早い人は1年とか半年ぐらいで辞めてしまいます。これはもったいないことで、私の知る限り、結局は投資を続けた人が利益を手にしています。

投入できる資金の量を把握する

プライベートなお金の問題を考える視点として、「**資金**」と「**時間**」と

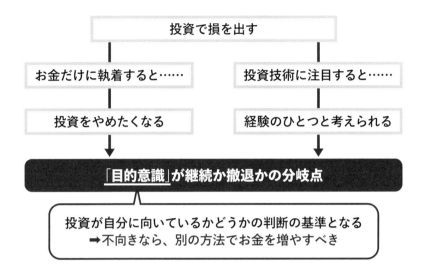

【図13】 投資をする目的が利益獲得へ導く

投資で損を出す

お金だけに執着すると……

投資技術に注目すると……

投資をやめたくなる

経験のひとつと考えられる

「目的意識」が継続か撤退かの分岐点

投資が自分に向いているかどうかの判断の基準となる
➡不向きなら、別の方法でお金を増やすべき

いう切り口で考えることをおすすめします。

　まず**資金**ですが、「現在の投資資金がどれくらいあるか」または「継続的に投資できる資金はどれくらいか」がポイントです。これだけでも投資のジャンルや選択肢、投資戦略が変わってきます。

　資金が潤沢ではないけど、すぐに利益を得たいなら、高いリスクを取らざるを得ません。すると、リスクを下げる投資技術を身につける必要があります。

　一方、たとえ今は資金が少なくても、時間的に余裕があり収益を急がないなら、知識と経験を積み重ねながら投資を学ぶことができます。

目的に沿って資産をコントロール下に置く

　そして、すべての投資に重要なのは6章で詳述のように**時間**です。

　人生同様に金融市場も投資先もよいときもあれば、悪いときもあります。つまり、一度投資して放置しておくということは、その後どうなるかは運

【図14】投資選びに正解はない

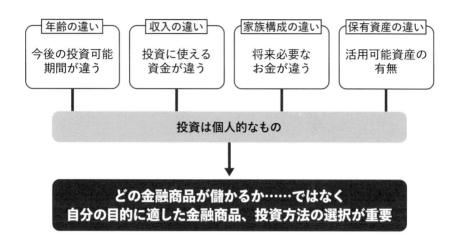

年齢の違い	収入の違い	家族構成の違い	保有資産の違い
今後の投資可能期間が違う	投資に使える資金が違う	将来必要なお金が違う	活用可能資産の有無

投資は個人的なもの

**どの金融商品が儲かるか……ではなく
自分の目的に適した金融商品、投資方法の選択が重要**

次第です。投資資金が多くても少なくても、投資リターンをすぐに欲しい場合でも、かなり先でも構わない場合でも、必ず自分のコントロール下に置いておかないと、投資の意味がありません。他人は助けてくれないからです。

　こうした資金事情、将来時間の長短、さらには、リスク許容度や、自身の性格など、さまざまな要因が絡み合うので、自分にベストな投資を選ぶのは簡単ではありません。また正解があるわけでもありません。

　ビジネスの起業でも同じですが、**十分な準備のうえで、小さな種で始めて大きく育てるのが成長の基本**です。そして、いくつか成功した実績があると、資金が集まり、少し大きな種で次のビジネスを始める機会が与えられます。こうして、徐々に大きく育てた事業が「成功」といわれるようになります。このアプローチは投資でも同じことです。

memo
何のための投資か考えて、方法を選択する

2章

投資で成長する
ための 考え方

投資では、多数派の動きを見ることが大切です。多数派の動きを把握し、金融市場の波に乗ることが利益につながるのです。そんな投資ならではの考え方を紹介します。

誰かに頼らない
客観的情報から自分で判断する

投資情報は事実か主観かを考える

　自分で投資戦略を考えるためには、情報収集が大事だと思っている人が多くいます。それは情報が利益につながると考えるからです。あるいは、何か特別な情報がないかと思っているのかもしれません。

　でも、違います。**特別な情報はありません。**インサイダー情報は違法ですし、「あなたに特別に教えます」という胡散臭い話はほぼ詐欺でしょう。

　私たちが入手できる情報は大きく分けて２種類です。

　ひとつ目は、「誰かの主観」です。ほとんどの人が「投資情報」だと**誤認**しているのがこれです。金融市場を分析したレポートやユーチューブなどでなされる**金融市場の分析や今後の予想は、発信者の主観的情報です。**ニュース解説や相場解説、「昨日の米国株市場がなぜ動いたか」などの市況解説も誰かの主観です。

　こうした情報は、**情報を発信することで給料や利益を得る人によるもの**です。この手の情報に興味を持ったら、「なぜこの人（会社）は情報を発信しているのだろう？」「誰に向けて発信しているのだろう？」と考えてみてください。

　２つ目は、「**事実**」です。「前日の日経平均株価の終値がいくらか」「現在の高値がいくらか」「不動産の成約件数がどれくらいか」などの統計や数値による事実の情報です。**誰が見ても同じ数値、同じ状況を認識できる客観的情報**です。この場合、その**数値が示すことを自分で判断**しなくてはなりません。これが多くの人には面倒なので「誰かの判断」つまり、主観に頼りたくなります。神頼みや占い師探しをしているのです。

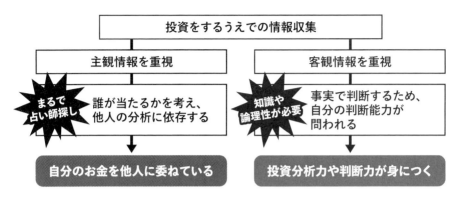

【図1】情報を客観的に捉えて判断する

投資をするうえでの情報収集

| 主観情報を重視 | 客観情報を重視 |

まるで占い師探し　誰が当たるかを考え、他人の分析に依存する

知識や論理性が必要　事実で判断するため、自分の判断能力が問われる

自分のお金を他人に委ねている

投資分析力や判断力が身につく

事実データに基づいて自分で判断する

　私たちは投資をする際、全責任を自分で負っています。**損失を被るのも利益を得るのも自分です。ということは、自分で判断するしかないのです。**

　ところが、自分で判断できない人や基礎知識がない人は、自分より詳しそうな人の意見や主観に自らの**財産を賭ける**わけです。そして、誰か特定の1人の見解ではなく、いろいろな人の意見を比較するようになります。なぜなら、頼った人が結果を出さないことで疑心暗鬼になり、「誰が当たるか」に注意が向くようになるからです。こうなるともはや投資ではなく、占いです。

　商売やビジネスに置き換えてみましょう。経営判断をするとき、ネット上の情報を根拠としたり、占い師に頼ったりするでしょうか。誰の意見が当たるかよりも、売上やコスト、そのほかの事実データに基づいて自分で決断するはずです。投資もビジネスと同じなのです。

memo

「誰か」に頼らず、事実に基づいて自分で判断する

永遠に上がり続けることはない

波があるのが人生
金融市場にも波がある

上昇を続けるNYダウもいずれ頂点をつける

　人生に上げたり下げたりの波があるように、経済にも金融市場にも波があります。**永遠に価格が上がり続けることはありませんし、下がり続けることもありません。**

　【図2】は1980年から2021年の日経平均株価とNYダウ平均株価の推移です。過去40年のそれぞれの動きが視覚化されています。

　1989年12月に日経平均株価は3万8957円（ザラバ）まで上昇します。これがバブルの頂点です。しかし、バブルはまさに泡のように崩壊して株価は下落、2008年10月には6994円まで下げました。バブルの頂点からリーマンショックの底まで約19年で約3万円、82％も下がりました。しかし、その後2021年2月までに12年以上をかけて上昇して3万714円になりました。ただ、まだ1989年の頂点には戻していません。

　一方、最近日本でも注目されているNYダウ平均株価は、1989年12月高値は2760ドルですが、その後上昇を続けて2021年5月10日には3万5091ドルまで上昇しています。その間にも、2001年のITバブル崩壊、2008年リーマンショック、2020年新型コロナなどで急落は起こっています。

　ここで誤解してほしくないのは、これは単に「日本株より米国株を買っておけばよかったね」という話ではありません。**「金融市場には必ず波がある」**という話です。ということは、日本株がバブルだったとはいえ、1989年に波の頂点をつけてから下げたように、**NYダウもこの先どこかで波の頂点をつける可能性がある**、と考えるほうが自然です。

【図2】金融市場には必ず波がある

〈日経平均株価、NYダウ平均株価　月足　1980年～2021年〉

チャート提供：TradingView（https://jp.tradingview.com）

「時間」と「波」で戦略を変える

　こうした景気の波や、相場の波を自分でコントロールすることはできません。ですから、**今がどういう状況なのかを分析しないと、バブルの頂点で株を買うようなことになりかねない**のです。これは株だけでなく、ほかの投資でも同様です。バブル期に不動産投資して破綻した会社はいくつもありますし、人生が変わってしまった人もたくさんいます。**状況を分析して適切な対応を取ることが金融市場で利益を得るために必要**、だということです。

　次ページの【図3】は、為替市場です。米ドル円の日足で2020年の1月2日から4月30日の推移です。こちらも**上げたり下げたりの波がある**ことがわかるでしょう。特に新型コロナウイルスが欧州で広がった2月後半から急落して、20日間で約11円動いています。これは通常の年間値幅

【図3】期間にかかわらず波は起こる

〈米ドル円　日足　2020年1月〜4月〉

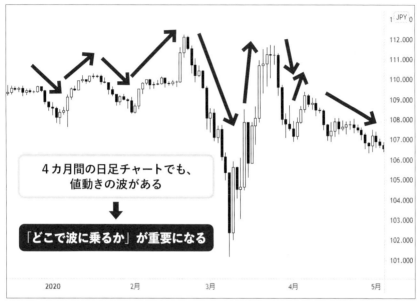

4カ月間の日足チャートでも、
値動きの波がある

↓

「どこで波に乗るか」が重要になる

チャート提供：TradingView(https://jp.tradingview.com)

に等しく、1年分の動きが20日間で起こったことを示しています。

　先ほどの株価は約40年間の値動きの波、この為替は4カ月間の値動きの波で、データの期間は大きく違っても「**波はある**」ということです。もっと短い1時間、あるいは1分といった期間でも、同じように値動きの波はあります。このため、投資の際は**どれくらいの期間で利益を得たいのか、またはいつを出口に考えて投資をするか、という「どこで波に乗るか」の戦略が大事**になってきます。「時間」によって波の大きさが違い取引戦略が違ってくる、ということなのです。

---

memo

金融市場の波を分析することが収益の第一歩

投資は人気投票

市場参加者の 多数派の動きに従う

市場が動いた方向が正しいと考える

金融市場は人気投票といわれます。

人気投票とは、「自分の好むものを選択する」ということではありません。自分がよいと思うものではなく、「市場参加者の多数がよいと思うものに投資する」ということです。**自分の考え（主観）ではなく、多くの投資家の考え（事実）に従うことが、結果的に利益につながります。**

ここが個人的な売買や商取引と、投資の大きな違いです。

個人的な商取引では、何か自分の好みのものを購入すれば、それで満足します。オタクでもいいのです。しかし**投資は利益を得ることが目的**です。自分が好むかどうかは関係ありません。投資家の多数派が選択したものの価値が上がるのですから、自分ではなく市場参加者がどう考えるかを知ることが重要になります。「相場は常に正しい」といわれるのはこのためで、自分が正しいとは限らないということです。独りよがりでは利益を得られません。

前述のように、評論家やエコノミストは自分の判断や好み、自分が正しいと考えたことなど、主観的見解を発信することで対価をもらいます。彼らにとって取引で利益を得ることは、仕事ではないのです。

しかし、私たち投資家は利益追求が目的なので、市場参加者の注目が何に集まっているのか、何が動き出しているのか、を探す必要があります。**自分の意見に関係なく、市場が動いた方向に投資するのが正しいですし、利益につながります。**

過熱した後は冷めやすい

多くの投資家が注目する人気の金融商品は、買い手が増えて値段が上が

【図4】多数派が選ぶ1位を見つける想像力が大切

住宅業界が上がりそう！
（個人の主観）

多数派の事実として
住宅業界が値上が
りしている

るため、先に買った人と後から買う人の間で「値段差」が生まれます。この動きが続くと、その商品の値段が上がり続け、値動きの波ができてきます。

　投資して利益が出るということは、自分が買った値段と、売ろうとしている値段に「差」がなくてはなりません。そのためには、自分が買った後も人気が続いて値段が上がることが必要です。

　ただし、人気はずっと続くわけではありません。どこかで人気にかげりが出て、その後は下げていきます。タレントや芸能人と同じです。人の感情が移り気なのは恋愛だけではありません。

　だからベテラン投資家は急激に上昇する相場を警戒します。過熱した相場はその後、冷めやすいことを知っているため、終わりに近づいていると考えます。しかし、初心者にそんな知識はありません。だからバブルの頂点で買う人も出てくるのです。

---

memo ✎

自分ではなく、市場参加者がどう考えるのかを知る

大きくなる波を見つける
いいとこ取りで大きな利益を得る

ブームが起こると関連する市場が拡大する

効率的な投資の方法は「いいとこ取り」です。簡単にいうと、ブームに乗って、ブームが廃れる前に降りるということです。

これはビジネスで利益を得る場合も同じです。**波の底近くで買って、頂点近くで売れば、大きな利幅がとれます。**だから、多くの投資家はこれから大きく動くものを探しています。

2020年は映画「鬼滅の刃」が大ヒットしてブームとなりました。過去にもいろいろなブームがありました。何かがヒットすると、関連したものも売れます。つまり、ブームが起こると、市場が拡大するのです。映画の例でも、映画自体の興行収入が拡大するのに合わせて、コラボ商品も含め、玩具、飲料、アパレルなどさまざまな関連商品の市場が拡大しました。同

【図5】ビジネスにおけるブームは市場の拡大期

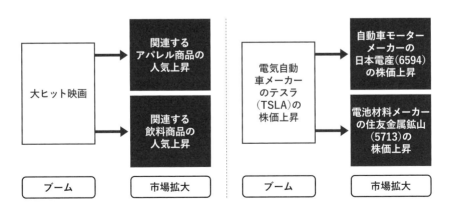

様のことが、金融市場では日常的に起こっています。ブームの大きさと継続時間は違いますが、基本的構造は同じです。金融市場のブームのポイントは「**時間**」と「**タイミング**」です。

拡大する市場を見つけて乗る

典型例は1980年代後半の**日本のバブル**です。株や不動産価格が大きく上昇したので、資産バブルともいわれます。

不動産でいえば、都心の不動産価格が上昇して、銀座・鳩居堂前は１坪１億円を超える値段になりました。これは路線価（課税価格を評価する際の値段）なので、実際の取引価格はもっと高くなります。東京だけでなく全国の地価が上昇しました。不動産ブームだったわけです。このころに不動産投資をすると、市場が拡大しているので、少し遅れて参入しても利益を得やすくなります。

もうひとつの例は**昭和の高度経済成長**です。戦後は貧しかった日本ですが、徐々に経済が回復し、人口も増え、需要が増大します。すると市場が拡大し、経済はさらに大きく成長していきました。このときは日本全体の経済が拡大していたため、誰が何をやっても失敗しにくい状況でした。これがバブルや拡大する市場のよいところです。**需要増であらゆる市場のパイが広がるので、誰が商売をしても儲けやすいわけです。** ただし、インフレ傾向となります。

このしくみは、現在の投資でも同様です。いつの時代であっても、大きくなる波、拡大する市場を見つけることができれば、そこで「いいとこ取り」ができるのです。

「いいとこ取り」してブームが終わる前に逃げる

しかし、バブルも高度経済成長も終わりがきます。永遠に続くものはありません。だから**投資経験の長い人は「いいとこ取り」して、ブームが終わる前に逃げます。** 逃げる判断を誤ると、ブームで得た利益を吐き出し、最悪の場合は借金を負うことになります。

金融市場で起こるブームは「**トレンド**」と呼ばれます。株やFXなどの

【図6】ブームに乗って「いいとこ取り」する

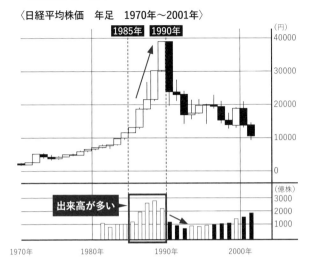

〈日経平均株価　年足　1970年〜2001年〉

相場取引で「トレンドを見つけろ」といわれるのもこのためです。トレンドはブームであり市場の拡大期なので、誰が参入しても儲けられるチャンスです。

【図6】は日経平均株価の月足の動きです。注目すべきは1986年から1989年に出来高が急増し、株価も急騰している点です。

前後と比べると一目瞭然で、このバブル時期が明らかに株のブームだったことがわかります。投資の素人を含め多くの人が突如株式市場に参入したことを示しています。

1986年ごろから株を保有していた人はもちろん、1986年以降に株式市場に参入した人もブームの恩恵を受けられたはずです。ただし、1989年には出来高が減り始めていたため、1990年ぐらいには株式市場から出る（決済して逃げる）必要があったといえるでしょう。

memo

波を見つけ「いいところ」だけ取引する

考え方 05
利益金額ではなく 利回りで考える

投資家たちは利回りで評価する

投資にはさまざまな方法があり、そのなかから自分にとって適切なものを選べるかどうかが収益に影響します。そうした多種多様な投資先を比較する際の基準が、**投資リターン**です。**利回り**や**金利**ともいいます。

投資では投資元本に対するリターン、つまり**利回り（単位：%）**で評価されます。**投資元本が違うものや、投資商品を比較する場合は、金額ではなく、投資効率で比べる**のです。そうすることで、より効率的な投資や魅力的な投資先を探すことができます。世界中の投資家たちは高い利回りを求めているのです。

投資をやっていない人は、つい目先の利益金額に注目が行きます。「利回り」という視点がないからです。逆にこうした投資の素人を引きつけるには、「〇〇万円儲かった」のように、金額で目を引く表現が効果的であり、こうした表現はよく目にします。

しかし、100万円の資金で100万円を稼ぐのと、1億円の資金で100万円を稼ぐのとでは、中身はまったく違います。一方は、利回り100%の脅威のリターン。もう一方はわずか1%のリターンです。当然、利回りが高いほうが高度な投資ですし、投資の腕がよい、ということになります。

投資では、より効率的で高い利回りを得られると、資産が早く大きくなります。雪玉転がしの斜度が利回りです。たとえば、同じ元本（投資資金）でも毎年3%のリターンの投資と、7%のリターンを得られるものを、いずれも**複利**（48ページ参照）で運用した場合、10年でも大きな違いが出てきます。3%のリターンでは、利益分を元本に入れて投資を続けても10年目に1.34倍にしかなりませんが、7%リターンでは1.96倍と元本の約

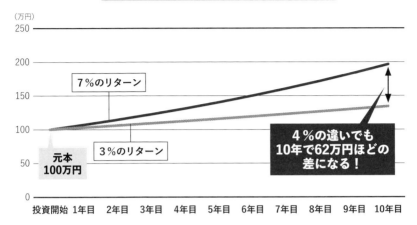

【図7】利回り3％と7％の比較（複利）

（万円）

- 7％のリターン
- 3％のリターン
- 元本 100万円
- **4％の違いでも 10年で62万円ほどの 差になる！**

投資開始　1年目　2年目　3年目　4年目　5年目　6年目　7年目　8年目　9年目　10年目

２倍になります。たった４％と思う差でも、利回りは投資収益に大きく影響するのです。

海外投資は円高の場合を想定しておく

　ただし、これは国内投資を比較した場合に限ります。海外投資では外国為替レートが影響するため、リターンを単純に比較すると、為替で足をすくわれかねません。海外投資と国内投資を比較するなら、円高になった場合を想定したうえで、利回りを計算すると安心でしょう。**外国株や外国債券への投資は、せっかく高いリターンを得られたとしても、それを日本円に戻したときに為替で損してしまうことがある**のです。

　1990年代、日本の製造業は円高に対抗し、コツコツとコストを減らして製造し、輸出していました。しかし、努力で積み上げた利益は、為替レートの変動で簡単に吹き飛んでしまいました。外国為替の影響はとても大きいのです。

memo

目先の利益金額にとらわれず、利回りで考える

人類最大の発明
魔法のような構造で利益を狙う複利

複利を使うと資産が加速度的に大きくなる

　天才アインシュタインが「人類最大の発明」とまでいったのが、ローマ時代から存在するともいわれる「**複利**」です。

　まずはシンプルな「**単利**」から考えていきます。何かに投資して、年間のリターンが10％だったとします。これは100万円の資産を元手に投資したら1年後に利益が10万円加算され110万円になる、ということです。これを5年くり返せば利益が50万円に、10年くり返せば10年間のリターンの合計が100万円になります。

　では、「**複利**」はどうかというと、1年目は同じで利益が10万円加算され110万円になります。注目は2年目からです。1年目の利益10万円を2年目の元本に組み入れます。つまり元本が110万円になるわけです。投資は「雪玉転がし」と説明したように、元本が大きくなれば当然リターン金額も増えます。複利だと2年目は利益11万円を得るので、資産は121万円になります。10年繰り返せば資産は259万円になります。

　この複利の特徴から、**利益を元本に再投入する**ことで効率が上がります。また、複利で徐々に元本を大きくしながら、毎年資金を追加投入することで雪玉を大きくする考え方が**長期積立投資**です。これを短期でやれば、さらに加速度的に資産を大きくできます。

複利とともに投資技術が重要

　このように説明すると、複利はどんどんお金が増える夢のような投資法に感じるかもしれませんが、そんなメリットばかりのものはありません。

　まず、複利は理論的にはこの通りですが、問題は事例のように「毎年の

【図8】単利と複利を比べる(利回り10%の場合)

投資年数	単利	複利
1年目	100×1.1＝110	100×1.1＝110
2年目	(100×1.1)＋10＝120	110×1.1＝121
3年目	(100×1.1)＋20＝130	121×1.1＝133.1
4年目	(100×1.1)＋30＝140	133.1×1.1＝146.41
5年目	(100×1.1)＋40＝150	146.41×1.1＝161.05…
6年目	(100×1.1)＋50＝160	161.05…×1.1＝177.15…
7年目	(100×1.1)＋60＝170	177.15…×1.1＝194.87…
8年目	(100×1.1)＋70＝180	194.87…×1.1＝214.35…
9年目	(100×1.1)＋80＝190	214.35…×1.1＝235.79…
10年目	(100×1.1)＋90＝200	235.79…×1.1＝259.37…

2
投資で成長するための考え方

リターンを安定的に出せる投資先があるか」ということです。

　そしてもうひとつ、複利で資金を大きくするためには、**安定した収入があり、投資資金には手をつけなくて生活できる状況が続くことが大前提**です。

　つまり、長期積立投資を続けるには、それを続けられる時間と、安定した生活が必要だということです。一定の給与水準がずっと維持されるであろう若い人にはとても向いていますが、不安定要素のある人の場合は、必ずしも安心できないと保守的に考えておくほうがよさそうです。

---

memo ✐

利益を元本に再投入すると投資が加速する

49

信頼性がリスクとリターンのカギ

元本保証は「保証能力」の問題

元本保証はリターンが期待できない

　投資を始めた人が注目しやすいのが、**元本保証**かどうかという点です。利回りが高く、しかも元本保証であれば、損をせずに高いリターンが得られるという夢のような投資なので、「こんな投資先がないかなぁ」と考える人もいるでしょう。

　元本保証とは、「投資元本は、いつでも全額返金しますよ」ということです。お金を出す投資家からすれば、元本保証されていれば、儲けがない最悪の結果でも資金は減らないので、なんとも心強いです。失敗してもダメージゼロ。これなら安心して資金を預けられそうです。

　ここでちょっと考えてみましょう。そもそも投資運用で想定した結果が出ないのに元本を返すということは、その分の**損**は誰が負担するのでしょう。投資先の会社が負担していたら、その会社が損をします。こう考えれ**ばリターンの高い、つまりリスクの高い投資ほど、元本保証はできない**ことがわかります。現在の日本では、日本国債を超える利回りの金融商品は、すべて元本割れのリスクがあります。

リターンが低いかリスクが高いかのどちらか

　元本保証の本質は投資先の返済能力次第となります。絶対安全と思われている国債も厳密には元本保証ではありません。それでも国が元本を返済することを保証しているので、国が破綻しない限りは大丈夫です。

　つまりその国の信用度が大切です。新興国の利回りが高いのは、先進国より信用が低く、利回りを高くしないと、資金が集まらないからです。

　大手上場企業の社債でも民間企業である以上、倒産リスクはゼロではないので、元本保証はできません。このような金融の原則から、まっとうな会社や個人・団体であれば、「元本保証」とは書きません。それは、不可能なことだからです。にもかかわらず元本保証を謳うなら、ほぼ詐欺と思ったほうがよいでしょう。

　利回りを提示する債券投資が好まれるのは、株やFXのように値動きを気にする必要がないからです。債券投資はお金を貸すことなので、「満期までは放置していてよい」と思われがちですが、このように**楽をすれば、安全性が高くリターンが低いか、利回りが高くリスクも高いかのどちらかなのです。**

【図9】元本保証がついていてもリスクゼロではない

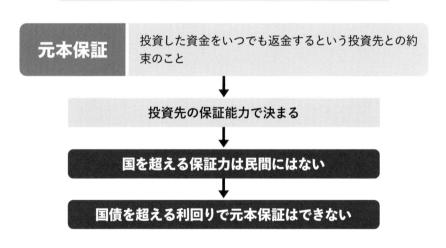

| 元本保証 | 投資した資金をいつでも返金するという投資先との約束のこと |

投資先の保証能力で決まる

国を超える保証力は民間にはない

国債を超える利回りで元本保証はできない

memo

元本保証はリスクが低いが、リターンも低い

カモにならず詐欺に騙されない

リスクマネジメントこそ投資の技術

投資を知るとリスクとリターンの判断基準がわかる

　投資のリスクとリターンには、明確な関係性があります。**トレードオフ**、**二律背反**の関係性です。簡単にいうと、「あちらを立てれば、こちらが立たず」です。リスクとリターンに着目すると、大きなリターンを狙えばリスクは高くなり、リスクを抑えればリターンも小さくなるということです。

　いい換えれば、リスクが高い投資をしているのにリターンが小さいとなれば、それは投資が下手で相場の**カモ**になっているということです。逆に、リスクは低いけどリターンが高いと謳われていた場合は**詐欺の可能性**が高いか、**見えないリスク**があるということになります。**投資をするなら、少なくとも相場のカモにならない、そして騙されないことが大事です。**

　ビジネスでも日常生活でも同様ですが、リスクのないところにリターンはありません。たとえば、車や自転車に乗れば「速く移動できる」というリターンがありますが、「事故に遭う」リスクも上がります。私たちは日常生活のなかでもリスクとリターンを無意識に判断しているわけです。

　ただ、自分が知らない世界では無意識にリスクとリターンの判断ができないのです。たとえば海外の知らない街では、どこが安全かはわかりませんよね。歩くより車に乗るほうが安全な街もあります。どのような世界か知らないと判断できないのは、投資も同じです。ということは、投資でも「知る」ことが、リスクとリターンの判断をする大前提です。

どこかで「腹をくくる」必要がある

　明確なことは、大きな利益を狙うなら、リスクを低くすることは難しいということです。リスクが高いから、大きいリターンが期待できるのであって、リスクが低いのに、大きいリターンを得ることはできません。つまり、

投資をするには、どこかで「腹をくくる」必要があるのです。**リターンを狙うのか、安全を優先するのか、その両方を求めることはできません。**

　そして、どのように腹をくくるかは人によって違います。人の性格にもよるので、親子や夫婦でも違う場合もあるでしょう。そうした見解の相違があっても、自分自身で考え決断しなければならないのです。

リスクを下げて利益を伸ばす

　私は株やFXの取引をしています。両者は似ているように見えますが、金融商品としての性格が違うので、多くの場合、取引戦略も違ってきます。ただ、共通するのは賭けのように丁か半か、という50％程度の確率では投資しないということです。さらに金融商品によっては、投資が想定通りの動きになった場合、つまり評価益が増えてきた場合に、取引技術でさらにリスクを下げることができます。リスクをゼロにできると、その後最悪の事態でもその取引がなかったことになるだけですみます。リスクをどうやって抑えるか、そのうえで利益を伸ばすにはどうしたらよいかが投資の技術です。

　もちろん、こうした投資技術を身につけるのは簡単ではありません。と

【図10】リスクがないところにリターンはない

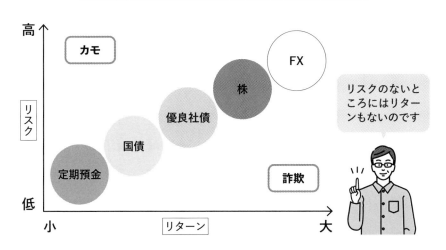

【図11】投資技術でリスクをコントロールする

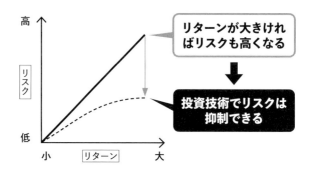

なると、仕事が忙しい人には、投資信託やロボアドバイザーなど、自分の代わりにお金を増やしてくれるサービスが魅力的です。これらも手数料の少ない、よいものを探せば、よいサービスといえるでしょう。ただ、その場合は「ずっとそこに資金を預け続けるのか」が次の問題になります。

　個人の判断で投資するのではなく、他人に委ねるということは、生殺与奪の権利を握らせることになり、騙されるリスクも高まるのです。たとえば大きな船に大勢の乗客の1人として乗っているとします。映画タイタニックを思い出してください。沈むときはみんなと同じです。しかも、船長ではなく操舵しない乗客なのであれば、最も危険を察知しにくい状況といえるでしょう。

　そうならないためには、**たとえ投資信託や積立、ロボアドバイザーを使っていたとしても、一方で投資技術を身につける努力をしたほうがよい**ということです。どんな時代でも、どんな分野でも、他人に委ねた人より自分で技術を持つ人が生き残れるのは当然なのです。

自ら判断するために投資技術を身につける

両面を見ることを習慣化

投資では常に
トレードオフを考える

逆の考えを持つ相手を想像する

　ここまでで投資はトレードオフの関係、つまり二律背反であることを説明してきました。投資において**どんなことでも裏を考える、あるいは両面を見る**ことはとても大切です。ここではその典型例を7つ説明します。

　❶「**国内投資**」と「**海外投資**」　国内での投資と、海外での投資は決定的な違いがあります。前述の通り、**金融は各国政府の規制下にあり、国の政策やしくみが違えば、投資にも違いが出ます**。だから国内で通用する取引方法が、海外でそのまま使えるとは限りませんし、海外で儲かりやすい投資をそのまま日本で行うのも考えものです。また、海外投資は利益が出ていても日本円に戻すときに為替が大きく影響します。日本円で生活する以上、為替は無視できません。

　❷「**売り手**」と「**買い手**」　金融市場には必ず売り手と買い手がいます。たとえば、自分がA社株を買うということは、必ずA社株の売り手がいます。ということは、自分が上がると思ってA社株を買う一方で、相手は売っているのです。つまり、相手はA社株が上がらないと考えている可能性があるわけです。

　❸「**多数派**」と「**少数派**」　値段が上がる理由は最終的には**需給**です。需要が多いか供給が少なければ値段は上がり、逆に需要が少ないか供給過剰なら値段は下がります。これはあらゆる取引の基本です。ということは、**売り手と買い手のどちらが多数派かを知ることができれば、市場の先行きがわかり、利益につながります。**。

投資方法におけるトレードオフ

　❹「**短期**」と「**長期**」　短期投資でも長期投資でも投資家のすることは

同じです。ただ、結果が出るまでの時間が違います。時間が長くなれば金融市場も影響を受けます。**短期取引なら需給だけに注目できますが、長期になれば政治、経済状況、財政、税制、人口などさまざまな要因で需給が変化することを考慮する必要があります。**よって長期投資は、当初の戦略と違う状況が起こる可能性が高くなります。

❺投資における「集中」と「分散」　投資は未来に賭けるものです。ですが、未来は誰にもわかりません。こうした不確定なものにお金を投じるときに、「ひとつに集中するか」「複数に分散するか」で考え方が分かれます。**集中するとリスクとリターンが高まり、分散するとリスクは下がりますが、リターンも減ります。**

❻「**債券価格**」と「**金利**」　債券価格が上がると、金利は下がります。逆に金利が高いということは、債券価格が低く人気がないということです。金利は信用の表れともいえます。そのため、**国債金利の高い国は、それだけ信用が低い**ということなので、金利だけに注目して投資をするのは少し危険です。日本の金利が低いということは日本への信用度が高いというこ

【図12】分散投資と集中投資

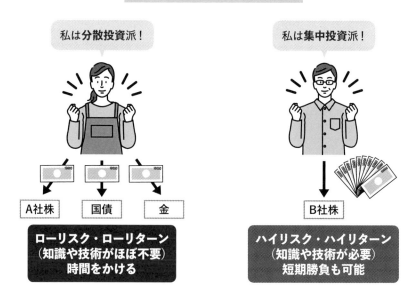

【図13】債券価格と金利の関係

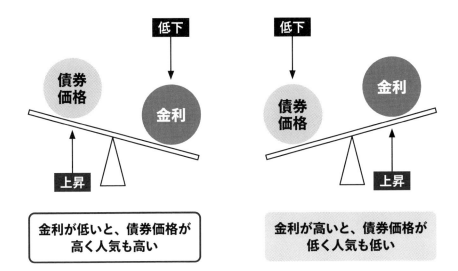

金利が低いと、債券価格が
高く人気も高い

金利が高いと、債券価格が
低く人気も低い

となのです。

❼「**現物**」と「**デリバティブ**」　大まかに株や不動産、金などのように投資した物を現実に引き渡してもらえる商品が「現物」で、FXや信用取引、先物、オプションなど、現物をもとにした派生商品が「デリバティブ」です。デリバティブは原則として物の引き渡しがなく、現金が動くのは決済したときの差額だけなので、**レバレッジ**が使えます。一方で、必ず**反対売買**をしないといけないので、損切りが必須です。

　ここで紹介したのは数例ですが、**お金のことを考えるときはコインの裏表のように、常にトレードオフを考えることが大事です**。この視点を習慣化できれば、投資判断もしやすくなります。

memo ✎

常にトレードオフの視点を持つと売買判断がしやすい

お互いの戦略を考える
投資に必要なのは
適切な想像力

相手を考え自分の投資を俯瞰する

　投資で利益を得るために必要なのは適切な想像力です。想像力というと、「未来を予想すること」と思いがちですが、そうではありません。投資初心者は、この「未来予想」が重要と誤解しがちなので、儲かりません。**投資に必要な想像力とは、取引相手のことを考えることです。**

　私たちが金融商品を買う場合、必ず売り手がいます。売り手がいるから買うことができます。

　お互いに金融市場で利益を追求するなかで、こちらは買って利益を得ようとし、相手は売って利益を得ようとしています。アプローチが真逆です。ということは、もしかしたら自分の戦略が間違っていて、相手が正解なのかもしれません。投資をする際に、この「**相手方を考える想像力**」が、自

【図14】売買する際には必ず相手を想像する

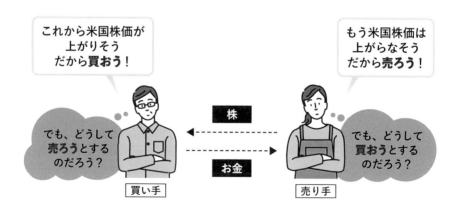

分の投資を俯瞰し、売り手と買い手の戦略をあらためて考え直すきっかけになります。

　自分と相手の立場によって、買う事情、売る事情はそれぞれでしょう。ただ、それが自分側で納得のいくもの、合理的であれば問題ありません。

　注意したいのは、誰かの推奨などの主観的情報を参考としている場合です（36ページ参照）。特にSNSや投資サイトの会員情報などを情報源としている場合は、偏った狭い考え方のなかに自分が入っている場合があり、注意が必要です。

チャートがあると相手の考えを推測しやすい

　こうした売り手と買い手の戦略を想像する場合、相場のある金融商品は比較的想像しやすいものです。たとえば、株式や、FX、商品先物や暗号資産などです。

　これらの金融商品は、チャートで値動きを示すことができます。**チャートがあるということは、誰もが同じ相場を見ているということです。**売り手も買い手も同じものを見て戦略を立てるので、相手の考えが推測しやすいのです。

　一方で相手の事情がつかみにくいものもあります。不動産投資がその典型でしょう。不動産は個別取引なので取引実態が外からわかりにくく、同じ広さの土地でも場所や形、周囲の環境でまったく価値が違ってきます。また、近くの土地がほぼ同じタイミングで取引されることは稀なので、相場比較もできません。

　さらに相続や不動産市況または金利状況、法令改正などさまざまな要因を考慮しないと相手の事情を知るのは難しく、その意味では難しい投資判断が求められることになります。だから素人が「カモ」になりやすいのです。

---

memo ✎

取引相手を考えると、自分の投資を冷静に考え直せる

物価によって経済の流れを知る

お金の価値が変動する
インフレとデフレ

投資の道具であるお金の価値を知っておく

投資で儲けるには大きな経済の波に乗ることが必要です。そうしたなかで投資にも大きく影響するのが、インフレーション（インフレ）とデフレーション（デフレ）です。

インフレ時代とデフレ時代では、お金の価値が変わります。投資の道具であるお金の価値が変わるとなれば、得られる結果にも影響するのが当然でしょう。また、経済政策にも大きな違いが出てきます。ですから、投資家もインフレとデフレの基本ぐらいは知っておく必要があります。

インフレ＝物の価値が上がり、お金の価値が下がる状態が継続
デフレ＝物の価値が下がり、お金の価値が上がる状態が継続

インフレで物の値段が上がると、物を手に入れるのが簡単ではなくなるため、一度手に入れたら自分で保有しておくようになります。つまり、自前で持っていたいと考えるのがインフレ時代の発想です。

一方、デフレ時代は物の値段が上がらないので、急いで買う必要がありません。物を保有せずに、必要なときだけ費用を払うほうがお金もかかりません。

消費者物価指数から経済の流れを知る

簡単にいうと、物価上昇が続くのがインフレ、物価がほぼ変わらないかマイナスになる状況が続くのがデフレです。つまりポイントは物価です。**物価は経済の流れをおおまかに知る重要な指標**であり、ニュースで消費者物価指数が報道されるのもこのためです。

【図15】は1970年から2019年までの消費者物価指数の推移グラフで、

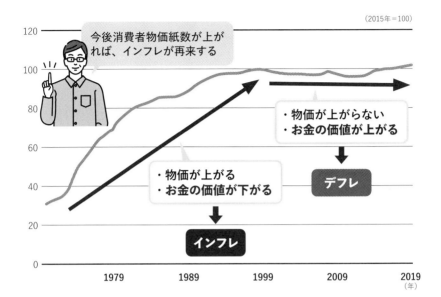

【図15】1970年～2019年の消費者物価指数の推移

(2015年＝100)

今後消費者物価紙数が上がれば、インフレが再来する

・物価が上がる
・お金の価値が下がる

インフレ

・物価が上がらない
・お金の価値が上がる

デフレ

120
100
80
60
40
20
0

1979　1989　1999　2009　2019
(年)

2015年を100としています。1998年が100.1、2015年が100.0、2017年が100.4で1998年から約20年間ほぼ物価は動いていません。経済学の通りにならない典型に見えます。特に1999年から2014年は100を割り、1998年以降は物価が下がり続けているので、デフレだったことは明らかです。

　一方、データの始点である1970年から1980年代半ばまでは急上昇しており、この上昇の動きは1990年代まで続いています。つまり、バブル崩壊まで日本もインフレだったわけです。

　もし今後、消費者物価指数が上昇してくれば、以前のようなインフレになるかもしれません。すると、投資先の選択にも影響してきます。いずれにせよ、消費者物価指数は年に数回はチェックしておくべきでしょう。

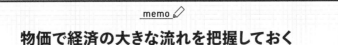

memo ✎

物価で経済の大きな流れを把握しておく

新語・造語に振り回されない
知らない専門用語は見過ごさない

他人に説明できるかどうかを基準にする

　投資だけでなく新たに何かを始めると、新しい専門用語に接することになります。「投資」「投機」「資産運用」「トレード」「元本保証」などもその典型例です。どこかで聞いたようで実はよく知らない言葉や新語、造語は金融や投資のいたるところに溢れています。似た言葉で意味が違うものもあれば、似た言葉で意味も同じものもあります。初心者が騙されやすい世界です。

　投資の際に出てきた単語は「自分が他人に説明できるか」を基準に、自分の理解度を判断してみてください。家族や友人知人に簡潔に説明できない場合、あなたはその単語を理解していません。必ず調べるようにしましょう。用語を知る人と知らない人の「差」を意識する必要があります。

　専門用語を調べるとき、おそらく多くの人はネットで調べるでしょう。しかし、ネット上には、素人がどこかのコピペでいい加減な解説をしているものもたくさんあります。そのため、**コンプライアンスのしっかりとした証券会社やFX会社などのサイトを利用することをおすすめします。**

新語・造語に振り回されず本質を理解する

　金融の世界では、頻繁に新語や造語が登場します。だからといって、**物事の本質が変わるわけではありません。**わずかな違いを強調するためや、自分のオリジナリティを示すために造語ができるからです。

　言葉が多少違っても中身は大差ないことはよくあります。すると本質を知らない人には、いかにも新しく優れたもののように売り込むことができ、表面的な情報に踊らされる人は「あら、新しいのか……」と飛び乗ってしまいます。

【図16】表面的な情報に踊らされない

すごい！　買ってみよう

新しく始まった「○○×
×投資信託」です

商品の紹介

実際は今までの
商品とあまり
変わらないけど……

本質を理解しないとカモにされる

本質を理解すればカモにはならない

　つまり、**中身や本質を知らない人は、どこでもカモになりやすい**のです。

　金融の世界ではこの傾向がより強まります。なぜかというと、一般的な商品を買うより、金融商品を買うほうが動くお金が大きいからです。数十万円、数百万円、数千万円単位で動くこともよくあります。一般の商品より、1人のお客さんからガッポリ儲けられるのが金融商品なのです。しかも投資は自己責任です。となれば、金融商品の売り手にとっては、カモを見つけるのが最も効率的で手数料を稼げます。投資とはそういう世界なのです。

　情報として流れる**表面的な新語・造語などに振り回されるのではなく、相場や金融に関する本質的な理解が重要**です。一度本を読んだぐらいでは正しい理解は難しいでしょう。つまり、時間と経験が必要なのです。

memo

他人に説明できるようになるまで理解する

投資ではライバルはいない

隣の芝生が青くても
他人のことは関係ない

比べるのは過去の未熟な自分だけ

投資を始めてツイッターや書籍、ユーチューブなどさまざまな情報に触れると、儲かっている他人の情報をいっぱい目にします。リア充を見せつけられるのと同じように、投資でも他人の収益や成功は羨ましく見えるものです。

しかし、そう思う必要はありません。投資は自分１人で決断して完結します。**他人と比べる意味は何もありません。あえて比べるなら、過去の未熟な自分だけで十分です。資金も経験も考え方も違う他人と、リターンの金額だけを比べても、逆に悪い刺激を受けるだけです。**

他人の成功が羨ましく見える場合、自分の投資がうまく行っていないか、まだ学ぶ途中なのでしょう。すると、成功している人と同じことをしてみようという誘惑に駆られます。こう考えた人は「誰かの投資手法」を真似たり探したりすることになります。

自分に適している投資を探す

株取引をしている人が、不動産投資家の情報を見て、家賃収入を羨ましがっても意味がありません。その不動産投資家が安定して収益を得られるようになるまでには、経験や時間が必要だったはずです。もしかしたら土地は親から相続したものかもしれません。となると、スタートが違います。このような相手の状況を推測することに気が回らないうちは、投資でもリターンは得にくいでしょう。

そして何より、**投資で失敗した人の話は、あまり表に出てきません。**つまり他人を気にせず、自分に合った投資、自分の専門分野を持つほうが、

【図17】誰かと比べず自分にあった投資を選ぶ

置かれている状況が異なるため、比べても無意味

↓

自分の状況や生活スタイルにあった投資を選択する

投資での成功確率は高くなりそうです。そして確率の高いことを繰り返して稼ぐのが、成功した投資家の共通点です。自分には何が適しているのかを探すことが、最も重要なのです。

投資の世界にライバルはいない

投資はすべて自分自身で完結します。投資ではライバルとの争いがありません。買い遅れた、売り遅れた、としても、それは単純に自分の判断や行動が遅いというだけです。損をしたということは、自分の行動が間違っていたか、判断が間違っていたということです。

市場取引する株、FXなどは取引量が多いので直接誰かと争うことはありません。ただ、不動産投資は個別的な取引なので、ひとつの不動産に複数の投資家が競合することもあるかもしれません。

投資においてライバルがいないことは重要なことです。**競合するライバルがいないということは、競合対策という余計な戦略を絡める必要がありません。**ですからシンプルに戦略を立てることができます。

ナンバーワンになる必要はない

投資ではライバルがいない、ということは、敵もいません。ほかの投資家を敵と思ってしまうと、「自分だけが儲かれば何でもいい」という考えになりがちです。しかし、多くの参加者が集まって、金融市場全体が拡大して波となっていくことが誰にとってもよいことなのです。

これは、**投資ではナンバーワンになる必要がない、**ということでもあります。他人と競争する世界では、自分がナンバーワンになるか、少なくとも上位にいないと利益にならない場合も多くあります。

しかし、金融市場で儲ける方法は十人十色どころか、百人百色、いや万人万色もあります。私もほかの投資家と話をすると、自分では考えつかないような方法で利益を上げている人が何人もいます。しかし、それを真似したりしません。教えてくれた人とは知識や経験、資金などが違うからです。

世に出回る一般的な方法ではなく、どこかにフォーカスした独自の方法でも十分に利益を追求できるのが投資のおもしろいところです。ただし、こうしたオリジナルの戦略で稼いでいる人たちも、**基本は熟知**しています。金融取引の基本と対象商品の特性をよく理解しているからこそ、独自の方法が使えるのです。

memo ✎

他人を気にせず、自分にあった投資を探す

投資の考え方は ビジネスと同じ

少しずつステップを経て成長する

　投資も商売やビジネスと考え方の基本は同じです。

　今の仕事を始めたときを思い返してみてください。最初は右も左もわからず、上司や先輩に教わりながら、少しずつ仕事を覚えたはずです。毎日が勉強だったのではないでしょうか。そして時間が経ち、専門知識と実務経験を積んで成長のステップを登っていくと、いつしか仕事を任されるようになっていたでしょう。このように、仕事のスキルは時間をかけて少しずつ身につけてきたはずです。

　投資でもこうしたステップを経て成長することは同じです。しかし、**なぜか投資となると、ビジネス経験を積んできたベテラン社会人でも、適切なステップをすっ飛ばしてしまいます。**そして、こうした人が失敗してお金を失うと、「投資は難しい」というのです。

入口と出口を意識して取引する

　投資は欲望と恐怖心のゲームです。だから平常心が重要です。基本ステップをすっ飛ばす人は「**お金**」への**欲望**に駆られています。投資で迷うことがあれば、自分の仕事と置き換えて考えてみてください。

　株、金、投資信託、不動産、FXなど、どんなものでも取引する、トレードするということは、ビジネスにおける仕入れと同じです。販売価格を無視して仕入れをすると、コストが上昇します。**投資も商売と同様に、入口（仕入れ）と出口（売値）が重要**なのです。

　コストや売値を意識することで利益が描け、全体像を描くことでリスクをコントロールできます。もしこうした投資のコストを計算できない場合、

それは何も知らない素人がビジネスをするのと同じです。うまくいくかどうかは運しだいですし、たとえ運がよくても長くは続きません。

【図18】難しいときはビジネスに置き換えてみる

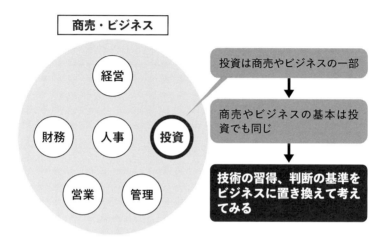

市場での値動きを見る
全員が「値段を確認できる」ことのメリット

不動産投資が初心者には難しい理由

　投資対象として不動産を考える人は多くいると思います。特に2000年に発売されたロバート・キヨサキ氏の『金持ち父さん貧乏父さん』を読んだ人は、レバレッジを使った不動産投資こそが投資や資産づくりの王道だと思っているのではないでしょうか。

　私も不動産投資をしているので、不動産のよさは否定はしませんが、**ほかの投資と比べるとかなり特殊**ですし、取引額が大きくなるので、失敗した場合の立て直しも大変です。つまり、不動産は、投資初心者には難しい投資対象だといえます。逆に売り手には旨味があります。

　株、FX、債券などは、それぞれ市場があり、この市場に参加する人たちが売ったり買ったりして利益を追求しています。多くの参加者が取引するため、そのときの値段は参加者に示されていて、誰もが同じ値段を見ています。**値段の変化を見て、売るか、買うか、手を出さないか、という判断を投資家はしているわけです。**たとえるならネットオークションです。買いたい人が多ければ値段が上がり、それをオークション参加者全員が見ることができます。

　ところが、不動産にはまず値段がありません。というより、売り手と買い手の交渉で値段が決まるので、当初の表示されている値段はあってないようなものです。私も不動産を買うときに提示されている値段で買うことはありません。ということは、取引相場がわかりません。隣接する同じ広さの不動産であっても、まったく違う値段で取引されることもあります。こんなことはほかの金融商品ではありません。

【図19】チャートがあると値動きが明確になる

チャートのある投資 株、FX、債券など	チャートが「ない」投資 不動産など
↓	↓
市場参加者全員が同じ価格を見ている	取引をする当事者間で値段を決める ＝本当の取引価格がわからない
値動きが明確で取引しやすい	**素人はカモになりがち**

高額で買ってしまうと投資から逃げられない

　また不動産取引は、取引額を公開する義務もありません。ということは、その不動産取引の本当の値段は当事者しかわからないのです。すると、価値判断ができない人が高額で買ってしまうことも起こります。いわば手探りで取引値段が決まるので、初心者がカモになりやすく難しい投資です。

　カモになって高い値段で不動産を取得した場合、次の買い手を見つけるのはかなり難しくなります。次の買い手への売買がダメでも、賃料収入で補えそうに見えます。しかし、取得コストが高いと利回りは低下します。つまり、その投資から逃げられなくなるのです。

　市場で値段が動くものに投資するのか、個別に直接取引するのかは、投資において大きな違いです。この違いは、値動きを示すチャートの有無で判別できます。不動産のように個別性が高い投資対象はチャートがありません。不動産においても、一定の区域の値段推移をグラフ化することもできますが、それが現実の取引をどこまで反映しているかはわからないのです。しかも日本の人口は減っています。住宅は余っていて、需給は供給過剰です。じっくり調べる必要があります。

---

memo

素人の不動産投資はリスクが高い

3章

投資が儲かる
しくみ

金融市場の値段は、売り手と買い手が出会ったタイミング
で決まります。このような値動きのしくみを理解することで、
利益を得るために必要な「差」を捉えられるようになります。

運頼みの投資をしない
投資には必ず
失敗があると想定する

成功話の裏には無数の失敗話がある

　２章では、「これから投資をやってみようかな」「何から投資を始めればいいかな」と考える人に、投資を始めるうえで知っておいたほうがよい、基礎的なことをいくつか紹介しました。これらがすべてではありませんが、投資は自分のお金がダイレクトに増減するので、「知識武装」は必要です。

　ここからは、投資で利益を得るためには何をすればよいかを考えていきます。

　最初に話しておきたいのは、**「投資は必ず失敗する」**ということです。作詞家の秋元康さんといえばヒットメーカーですが、ヒット作ばかりではないことを本人がインタビューで答えていました。人目に触れるのはヒット作だけなので、ヒットメーカーといわれますが、本人としてはそうではないそうです。これは投資話でも同じです。

　成功話の裏には無数の失敗した人がいます。でも誰も話しません。まずは失敗しにくい投資をすることが成功への道です。これはみなさんの仕事やこれまでの人生と同じです。失敗のない人はいません。だから、**失敗しても立て直せることが大事なのです。**「一発勝負」ですべての資金を失うのは、「投資」ではないのです。

　私自身もそうですが、失敗しつつも、トータルで利益が出るようにします。また一度の失敗で諦めないことも大事です。これは会社の営業と同じです。どんなことも知識と経験を重ねることで、多くの部分はカバーできる、私はそう信じています。

「投資から逃げる準備」が必要

　投資において、何かひとつに賭けることは、かなり危険です。ほぼ運頼

【図1】少額から始めて残りは温存しておく

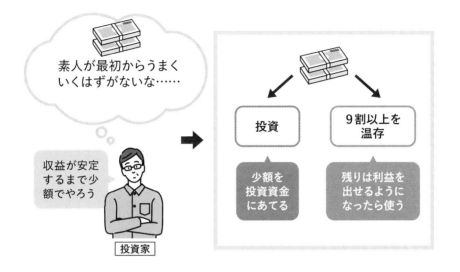

みになるので、特に初心者にとっては自殺行為です。

　そうした前提に立つと、次の5つに気をつけるようになります。

　❶「**予想を立てない**」　投資をする際に、多くの人は「これからこうなるだろう」という予想をします。しかし、未来は誰にもわかりません。ですから、投資収益を得るために未来予想は重要ではありません。それよりも値動きのしくみを知ることが大切です。

　❷「**一発勝負しない**」　前述のように、一発勝負は丁半博打です。もし運よくその投資がうまくいっても、次につながりません。運に左右される要素もたしかにありますが、最初から運に頼るのと、結果的に運がよかったのはまったく違います。**基礎知識を身につけたうえで戦略を立てることが大事です**。

　❸「**小さく始めて大きくする**」　一発勝負をしないということは、最初から大金を入れないということです。小さな額から始めて成功体験を積み重ね、自分の投資スタイルが確立したら取引額を大きくします。どんなこ

とでも、人は経験とともに成長するので、**成長したときに大きく勝負できるように資金を温存しておくことが大事です。**

❹「**いつでも逃げられる準備をしておく**」 経済には波があり、金融市場にも波があります。ということは好調なときこそ、その波は頂点に近いのではないかと警戒する必要があり、その投資から降りる準備をするべきなのです。

❺「**わからないときは投資しない**」 世界的投資家で大富豪のウォーレン・バフェットは「知らない物には投資しない」といっています。これは、自分の経歴や職歴には関係ありません。自分が投資先として研究し理解しているかどうかです。運頼みの投資をしないためにも、自分が判断できないものには投資しないことが、お金を守るうえで大切なのです。

【図2】わからないものには投資しない

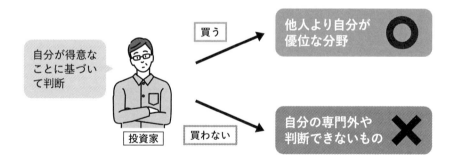

memo ✎
投資は失敗するものという前提で少額で始める

先行きを分析し判断する
キャピタルゲインを狙うのが投資の基本

売買益とチャリンチャリン

投資で利益を得るには、大きく2つの方法があります。

ひとつは「**金融商品の売買で利益を狙う方法**」です。**キャピタルゲイン**といいます。トレードという言葉を使うときの利益は、だいたいこれを指しています。少額の投資で始められますし、金融市場を学ぶのにも適しています。

もうひとつは「**資産からの収入を得る方法**」です。1回1回の取引の売買益ではなく、保有する資産からのリターンです。17ページの投資ジャンルで、売買益のほかにも利益を得る方法が書かれていたので、気がついた人も多いことでしょう。投資を始める多くの人が夢に描く、定期的にチャリンチャリンと収入が入ってくる投資です。これを**インカムゲイン**あるいは、資産収入といいます。資産収入ということは、株や不動産、投資信託など何らかの資産を保有している前提です。

【図3】キャピタルゲインとインカムゲインの収益イメージ

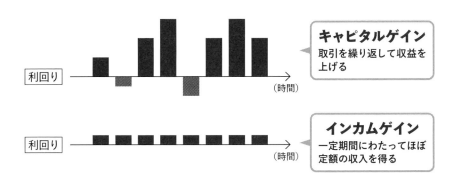

利回り

（時間）

キャピタルゲイン
取引を繰り返して収益を上げる

利回り

（時間）

インカムゲイン
一定期間にわたってほぼ定額の収入を得る

狙う利益が違うなら取引方法も違う

　気をつけたいのは、どちらを狙った取引をするかで、取引方法も大きく違うことです。これは主に保有する時間の違いでもあります。

　株やFXのデイトレードと呼ばれるような超短期間の取引では、インカムゲインは狙っていません。売買益つまりキャピタルゲインのみを狙います。売買取引を繰り返すことで、利益を積み上げていきます。うまい人は年間50％とか100％以上の利回りを得る場合もあるでしょう。

　一方、株を長期保有して配当を得る、不動産からの賃料収入などがインカムゲインです。投資資金が少なければ投資信託を使う方法もあります。とはいえ、利回りは平均で年に数％程度で、10％すらなかなか厳しい数字です。つまり、投資額が小さいと収益もとても小さくなります。

先行きを見る技術が必要

　投資で収入を増やしたいなら、キャピタルゲインを狙うのが基本になるでしょう。一方、インカムゲインを望むなら、資産を買うお金を準備するか、少しずつ資産となるものを買い増ししていくことになります。

　相場取引でキャピタルゲインを得るのが投資の基本になると考える理由は、2つあります。まず売買があらゆる商取引の基本ということ、そして売買を通じて身につけた相場分析の技術は、さまざまな投資でも使えるということです。

　古今東西、何らかの取引をして得る利益の多くは、売買益でありキャピタルゲインです。そして商売でキャピタルゲインを得るためには、目利きの技術が必要です。この先、株価が上がるのか下がるのか、ドル円相場が上がるのか下がるのか、原油相場はどうかなど、**自分が投資する金融商品の先行きを分析し判断する技術が必要**なのです。

　先行きを見通すために必要なのが、**相場の値動き**です。過去の値動きは、売買の結果です。まず、それまでの値動きを見て、相場の波がどのように

【図4】チャートから現在の値動きを分析できる

〈日経平均株価　週足　2019年4月〜2021年6月〉

現在の値動きが波の頂点に向かう動きなのか、底に向かう動きなのかを分析

チャート提供：TradingView（https://jp.tradingview.com）

形成されていたかを把握します。そのうえで、現在の値動きが波の頂点に向かう動きなのか、底に向かう動きなのかといった状況を分析します。このとき使う道具がチャートです。つまり、**キャピタルゲインを狙って「いいとこ取り」するには、チャートを読み取る技術が不可欠**なのです。逆にチャートが表示されない金融商品ではキャピタルゲインを狙うのが、難しくなります。

memo ✎

相場の先行きを分析し、キャピタルゲインを狙う

上昇でも下降でも稼ぐ

「差」があれば
利益にできる

値動きの波の差を捉える

　投資に限らず、利益の源泉は「差」です。

　価格差、金利差、時間差、地域差、技能差、知識差など、「差」をつけることが利益につながります。資格を取ることや、自分のスキルを上げること、人に認められようと努力することも、他人との間に差をつけることです。逆に、誰かに「差」をつけられれば、自分にとってマイナスになることもあります。

　商取引では、自分の買値（仕入れ値）より売値が高ければ、差額が利益になります。多くのビジネスや小売店はこうして利益を得ています。**差益**です。逆に買値より安く売れば損をします。**差損**です。

　この「差」を考えるときに忘れてはならないのが、値動きの「**波**」です。次ページの【図5】に示す波の頂点（B、D）や底（A、C、E）では、「差」が生まれています。

　このような波の頂点や底では、値動きの方向が変わります。つまり**金融市場で利益を得るには、「波」があるかどうかの判断、現在が波の頂点から底への動きなのか、底から頂点への動きなのか、頂点や底はどこか、などをどう見つけるかが重要なのです。**A、B、C、D、Eの各点で値動きが逆方向に転換しています。こうした転換点の近くで次の値動きが上か下かがわかれば「大きな差」を取ることができ、利益が大きくなります。

　そして、こうした**波を理解している投資家は、放置せず確実に利益を確保します。**波はいつか頂点や底をつけ動きを変えるので、放っておいたらせっかくの利益が減ってしまうからです。ガチホはしないということです。これを相場格言では「利食い千人力」ともいい、昔から放置せずに確実に

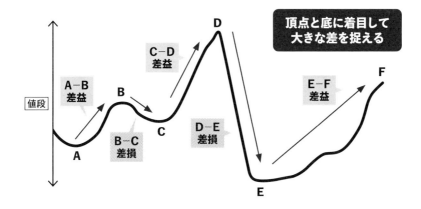

【図5】「差」を捉えて利益を得る

頂点と底に着目して
大きな差を捉える

値段

A−B
差益

B−C
差損

C−D
差益

D−E
差損

E−F
差益

A B C D E F

利益を確定させるのはとても大切なことだとしています。

差があれば下げでも利益を得られる金融商品もある

　投資で利益を得るには「差」さえあればよいので、自分の売値より安い値段で買い戻すことで差を取る場合もあります。まず売って、後から買い戻す（80ページ【図6】のb−cやd−e）というやり方です。「差が利益になる」と考えられれば、このように上がる場面だけでなく、下げる場面でも利益を得られるようになります。

　とはいえ、先に売って後から買い戻すということが、イメージしにくいでしょう。このような取引は、ヘッジファンドや投資家など、お金を使った利益追求を仕事にしている限られた人だけが経験します。こうした取引はデリバティブといわれ、これを使わないと短期間で大きな利益を得ることは難しいのです。

金融知識と経験で金融独特の取引方法を活用

　私もこれが感覚的にわかるようになってから、FXでの収益が大きくなりました。つまり、投資の世界でも「ほかの人が知らないことを知っている」という「差」が、利益につながるのです。

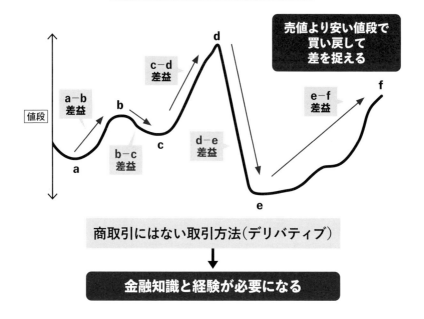

【図6】下落の差も利益にできる

　このような**金融独特の取引方法**を使うには、それなりの金融知識と何よりも経験が必要です。

　日経平均株価を見ると、2008年の7000円割れ水準から2021年には３万円台まで上昇しています。しかし、歴史が示すようにそれがずっと続くことはありません。もし株式市場が下げ始めると、株取引（現物）や投資信託だけをしている人は収益の柱を失います。そんなときでも、上下両方向取引できる株の信用取引やFX、CFDなども取引できる技術を持っていると、売買益のチャンスを得ることができます。

---

memo

値動きの波の頂点と底を探し、差を利益にする

予想しても利益につながらない

金融市場の動きに理由はない

相場の動く理由を考えても意味がない

　株でもFXでもほかの金融商品でも、市場や相場が動く理由を考える人が多くいます。「なぜ買われたのか」「なぜ売られたのか」と考えるわけです。しかし、残念ながら、**動いた理由を考えても意味がありません。**

　市場や相場が動く理由はひとつだけでしょうか。市場に参加しているのは数人ではありません。少なくとも数百万人規模の人が参加しています。それだけの人数がひとつの理由で動くとは考えられません。それでは、仮に理由を10個考えたとします。その10個が全部同じ値動きに影響するはずはありません。上がると思う人がいれば、下がると思う人もいます。だから冷静に考えれば、理由を考えるのは意味がないと、気がつきます。

　しかし、経済ニュースや相場情報を発信する人は、さまざまな理由で事後の解説をします。彼らはそれが仕事です。答えのないものに、答えらしきものを提供して、なんとなくの安心感や納得感を届けているに過ぎません。

　もし、そうした解説が正しく、予想が正しいなら、そうした解説をする人や予想をする人は相場で大儲けできているはずです。そして大儲けしているなら、解説する仕事でお金を稼ぐ必要はありません。ソロスやバフェットは相場解説をしません。

　金融市場では、誰も予想していないものの値段が上がったり、下がったりすることもあります。これは、なぜでしょう。答えは簡単で、**買う人が多ければ値上がりし、売る人が多ければ値下がりするからです。**また、買う人が少なくても、供給量が減れば相対的に希少性が生まれて値段は上が

【図7】相場が動く理由は考えない

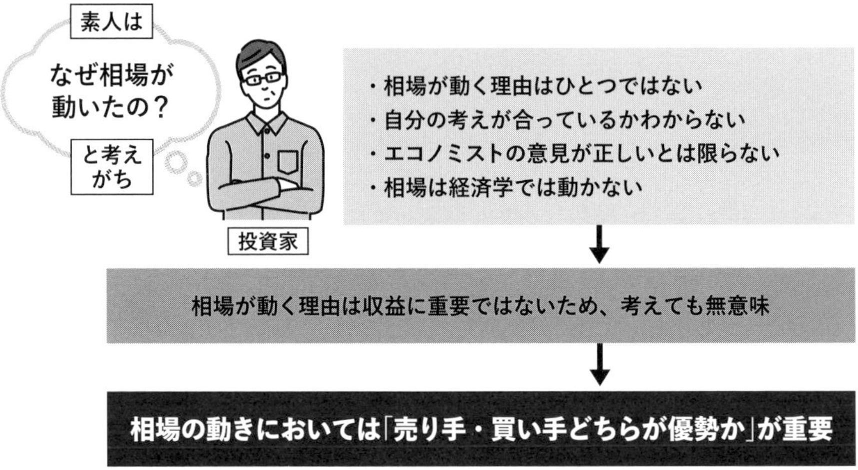

素人は

**なぜ相場が
動いたの？**

と考え
がち

投資家

・相場が動く理由はひとつではない
・自分の考えが合っているかわからない
・エコノミストの意見が正しいとは限らない
・相場は経済学では動かない

相場が動く理由は収益に重要ではないため、考えても無意味

相場の動きにおいては「売り手・買い手どちらが優勢か」が重要

ります。逆に、売る人が多くても、買い手がそれ以上に増えれば値段は上がります。

つまり、**金融市場は売り手と買い手のどちらが多いのか、需要と供給のどちらが多いのかで値動きは決まります**。これだけです。

予想は確率の低い賭け

ということは、そもそも相場が動く理由を予想しても、実際にその通りに動くことはあまりありません。こうした予想を分解してみると、【図8】のように「前提条件」と「値動き予想」が組み合わさっています。「○○であれば」＋「値段が××」という形です。

すると、前提条件である「○○であれば」が起こる確率は2分の1。次に、その前提条件で値動き予想である「値段が××」も、上がるか下がるかで2分の1です。すると、この予想は、4分の1に賭けることになります。

過去の値動きに関連性がない

もうひとつよく相場予想に使われる例が、過去の値動きを参考にするも

【図8】相場動向は予想しない（2016年大統領選挙）

トランプ氏当選 ▼ ドルが売られて **ドル安**	トランプ氏当選 ▼ ドルが買われ **ドル高**	トランプ氏落選 ▼ ドルが売られて **ドル安**	トランプ氏落選 ▼ ドルが買われ **ドル高**

どの状況になるか予測して売買すれば、それは投資ではなく「確率の低い賭け」

のです。

「過去の値動きがこうだったから今回もこうなるだろう」というものですが、**前提条件となる過去の値動きと、今回の相場予想の間には何の関連性もありません。**「チャートが似ている」や「選挙や会議など同じイベントがあった」などをもとにした予想です。

しかし、慣れとは恐ろしいもので、こうした情報の海に漂っていると、そうした予想が当たり前に思えてきます。すると、「投資は予想を立てることで利益が得られる」と無意識に刷り込まれていきます。そうではありません。投資で利益を得られるかどうかは、相場の売り手や買い手の力関係を見ることであって、未来を予想することではないのです。

memo ✎

相場の動く理由ではなく、売り手と買い手の力関係を見る

売り手が多いか買い手が多いか

値動きのしくみは
需給のバランス

値段は瞬間ごとの売り手と買い手の合意

　ここまで何度もお話しているように、金融市場も一般の商売やビジネスと同じしくみで動いています。**時々刻々と変動する相場の値段も、瞬間ごとの売り手と買い手の合意によって決まります。**その結果を示すのがチャートです。

　何かを売買するとき、買い手はできるだけ安く買いたいと思うでしょうし、売り手はできるだけ高く売りたいと思うものです。これは金融市場でも同じです。

　そして、売り手と買い手の両者が折り合いをつけた値段で取引が成立します。その過程では、取引を成立させるため、売り手は買い手がいるところまで売値を下げ、買い手は売り手がいるところまで買値を上げます。この売り手と買い手が出会ったタイミングが、取引される値段です。

売り手が多いと売値が下がる

　ただ、現実の取引は、それほど単純ではありません。それは売り手と買い手の数が同じとは限らないからです。株式市場のストップ高、ストップ安がこの状態です。

　まず、売り手が多かったらどうなるでしょう。他人より早く売りたい売り手は売値を下げることになります。誰かが売値を下げると、売値はさらに下がってしまうため、ほかの人も早く売らなければなりません。売り手のなかで競争が起こります。

　つまり、売り手が増えそうな場合は、ほかの売り手より先に売ったほうがよいということになります。こうして売り手が多くなってくるなかで、買い手の数が変わらないか、逆に減っているなら、需給バランスが崩れ、

【図9】売り手と買い手が出会ったタイミングで値段が決まる

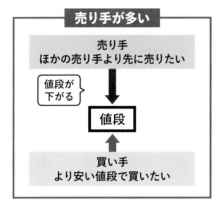

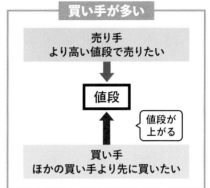

値段は下がります。**供給過剰**です。買い手は急いで買う必要がなく、下げてくるのを待つこともできるので、より買値を下げやすくなります。

　逆に、「これから値段が上がりそうだ」と考える人が多ければ、買い手が増えていきます。**需要増**です。このとき売り手の数が変わらないか、減っていれば、買い手の間で競争が起こります。買い手は少し高い値段を提示して、他人より先に買おうとするわけです。そうしないと買えなくなるからです。すると売り手は、より売値を上げやすくなります。

　相場の値動きは、売り手が多いか、買い手が多いかだけで決まります。つまり、**需給バランス**です。

　ということは、こうした**値動きのしくみを知っていると、値段がどう動くかを観察することで、値動きの先行きを見つけられるのです。**つまり、差益を得るチャンスを得られるということです。インフレやデフレも同じ構造です。

---

memo ✐

売り手が多いと値段が下がり、買い手が多いと上がる

後出しで儲ける
値動きの波の差を見つける方法

未来の需給を予想する「ファンダメンタルズ分析」

　投資でキャピタルゲインを得る「差」ができるためには、自分の次に買う人がいるかが重要です。つまり、需要があるかどうかです。では、どうやって次の需要を見つけるのでしょうか。その方法は、大きく分けて2通りあります。

　ひとつは、**ファンダメンタルズ分析**です。これは、経済のさまざまな基礎的な要因（fundamental）の変化から、**未来の需給を予想する**分析方法です。企業の決算や売り上げのデータ、国の失業率や物価などの経済統計、政府要人や企業経営者の発言などから、今後の需給がどうなるかを推測するわけです。

　ただ欠点は、**自分が予想した通りに需給が動くとは限らない**ということです。つまりファンダメンタルズ分析は、**自分の推測であり、思い込み**です。

　あるデータが公表されたとき、投資家全員が自分と同じように考えることはあり得ないでしょう。世界はそんなに単純ではありません。これは著名なエコノミストの間でも、ある人は「今後も値上がり継続」と分析し、しかしある人は「動かないか下落」と分析するように、まったく違う予想が出てきます。これでは「どちらを信じるかはあなた次第」です。

　しかし、ファンダメンタルズは相場が動いた後に、その解説としてよく使われています。**ニュースや解説で見聞きすることが多いので、相場がファンダメンタルズで動いている気がしてしまいます**。そして、自分もこうした考え方ができれば相場の未来がわかると勘違いするのです。ここが落とし穴です。

現実の需給による値動きを見る「値動き分析」

　もうひとつは、現実の値動きに対応する方法で、「**値動き分析**」や「**ローソク足分析**」ともいわれます。要するに**現実に需給が変化し、値段が動き出した事実をたしかめる**ということです。

「値動き分析」では、相場の買い手が多ければ値段は上がり、売り手が多ければ下がる**事実**だけに注目します。これは世界中のあらゆる市場と経済における普遍の事実です。

　ただ、値動き分析は、ニュースや解説で使われることはありません。「買い手が多かったから上がりました」では、1秒で解説が終わってしまうからです。

需要を確認して後出しで買うと上昇の可能性が高い

【図10】を見てください。株価や経済などの値動きの波が底 a から頂点 b に上昇した後少し下げた c の時点で、何らかのファンダメンタルズ要因から今後の需給を推測して、投資（買い）を考えたとします。

【図10】ファンダメンタルズは賭け

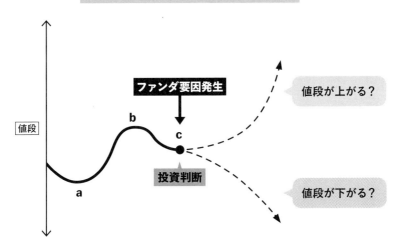

【図11】 値動きに従うと上昇する株価に乗りやすい

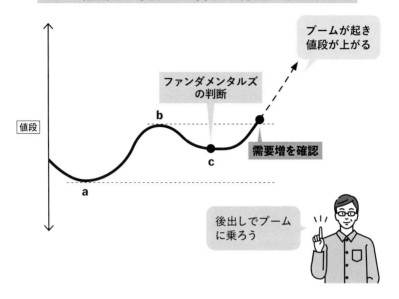

値動きに関係なく、ニュースや経済データなどの要因から推測して取引するので、上がるか下がるか、2つにひとつの取引になります。

　一方【図11】は、**値動き分析**です。ニュースなどが出たタイミング c では取引していません。なぜなら、その時点では値段が上がるか、下がるかわからないからです。そして、前回の頂点 b を超えたところで取引しています。需要が増える可能性が高まる点が b だからです（102ページ参照）。
　b を超え需要が増えれば、値段は上昇する可能性が高くなります。買い手が多数派になるからです。となれば、このタイミングで多数派に便乗します。つまり、**需要増をたしかめてから「後出しで買って利益を狙う」**のです。

---

memo ✐

値段の動きだけを見る「値動き分析」で差を見つける

「いいとこ取り」にはタイミングが重要

　87、88ページの通り、ファンダメンタルズ分析と、値動き分析で、取引タイミングが違っています。これらの図を見て、取引タイミングは早いほうがよいと思った人もいるでしょう。そう思った人は、少し「欲張り」かもしれません。

　投資で利益を追求するのは人の欲ですが、強欲な人ほど自分のお金を失いそうになると強い恐怖心が生まれます。欲望や恐怖心は、投資に必要な冷静な判断を妨げます。これがメンタル上の問題です。投資で大きく資金を減らす失敗の多くは、こうした平常心を欠いたときに起こります。人間は感情に左右されやすく、投資ではそれがあらわになりやすいのです。

　金融取引は、誰でも気が向いたときに取引できます。しかし、それが儲かるかどうかは別問題です。だから難しいのです。**投資で利益を得るために重要なのは、いつ取引すれば儲かるのかを見極めるということです。**「いいとこ取り」するにはタイミングが重要なのです。

　これは市場や相場が波でできていることからも明らかでしょう。売買で利益を得るには、差益を取らなくてはなりません。すると、波の底で買うか、波が上がり始めるところで買う必要があります。この先どうなるかわからない場所、波がどちらに進むかわからないところでの取引は確率が低く「運まかせ」です。

　こうした市場の波や値動きの原則、利益を得るためのしくみを理解していない人は、「自分の投資判断」という名の「儲けたい欲望」に走りやすくなります。しかも「素人の投資判断」です。87ページの【図10】がま

さにこれです。自分が賭けをする「いい訳」として経済指標などのファンダメンタルズが使われるのです。

取引タイミングは自分で決めるものではない

そもそも金融市場は、ファンダメンタルズ要因が出たから動くわけではないということは、すでに説明した通りです。**ファンダメンタルズ要因を市場参加者がどう判断したか、その多数派によって動きます**。需給であり、人気投票です。つまり、相場が動く理由を考えることは無意味なのです。単純に市場の多数派の方向に相場は動くのです。

こう考えると、取引タイミングは自分で勝手に決めるものではないことが明らかになります。これは、相場の多数派と少数派がハッキリ分かれる場所が最適であり、**取引タイミングは相場の値動きが示している**ということです。

ひとつ例を挙げておきます。

ソフトバンクグループ株は2020年の9月後半から約2カ月間にわたり、値動きの波の底と頂点の間で推移しています。この間には、さまざまなニュースやエコノミストの分析などが伝えられています。すると、この間

【図12】多数派の動きから相場の先行きを把握する

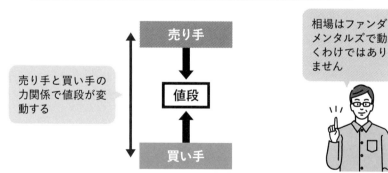

売り手と買い手の力関係で値段が変動する

売り手 → 値段 ← 買い手

相場はファンダメンタルズで動くわけではありません

力関係がわかると相場の先行きがみえる

【図13】値動きがハッキリしたところで現実対応する

〈ソフトバンク（9984）　日足　2020年9月〜12月〉

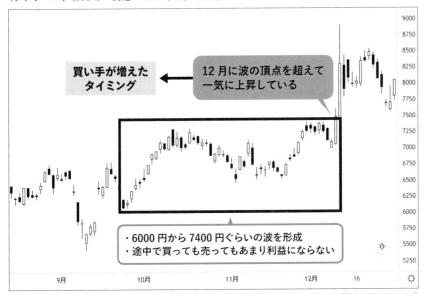

買い手が増えたタイミング

12月に波の頂点を超えて一気に上昇している

・6000円から7400円ぐらいの波を形成
・途中で買っても売ってもあまり利益にならない

チャート提供：TradingView（https://jp.tradingview.com）

に買っていた人は、それらのニュースと値動きによって一喜一憂しやすくなります。精神衛生上もよくありません。

　特に投資初心者は、ここで感情が動かされやすく無駄なミスをしがちです。こうしたことを避けるためにも、値動きがはっきりしたところで需給に従うほうが適切です。

memo

欲張って取引タイミングを急ぐと感情でミスが出る

相場の波の変化を捉える
売り手と買い手の分岐点

売り手と買い手の均衡点が頂点と底

値動きの波の頂点や底は、相場の流れが変わる場所です。つまり、売り手と買い手の勢力が交錯する場所です。たとえば、波の頂点であれば、それまで買い手が多く上昇していた値段が、あるところで止まります。買い手と売り手が均衡したのです。そして、売り手のほうが強くなれば値段は下がります。値段が下がり始めるということは、相場の波が頂点をつけたということです。

波の底も同じことです。売り手が強く値段が下がっていっても、どこかで売り手と買い手が均衡すれば、そこで下げ止まります。その後、買い手が優勢になって値段が上がっていくことで、均衡したところが相場の底になったことが確認できます。

相場は、こうした売り手と買い手の力関係で値段が動き、波ができています。ということは、売り手と買い手のどちらが多数派か、どちらが優勢になるかという分岐点を見つけられると、相場の波の変化を捉えられるようになるということです。

相場の変化を捉えられれば、その先の動きが推測できるので、値動きから差益を得られます。しかも、この値動きは自分の勝手な思惑ではなく、市場の多数派の動きです。多数派の動きということは、相場はその方向への動きが続きやすく、利益を得られやすいわけです。

買い手が減ると頂点ができる

【図14】は相場における波と、売り手と買い手の勢力バランスを表しています。これを見ると、投資で「いいとこ取り」できる、値段が上がる部分（上昇トレンド）と下がる部分（下落トレンド）があることに気がつく

【図14】買い手と売り手の勢力バランス

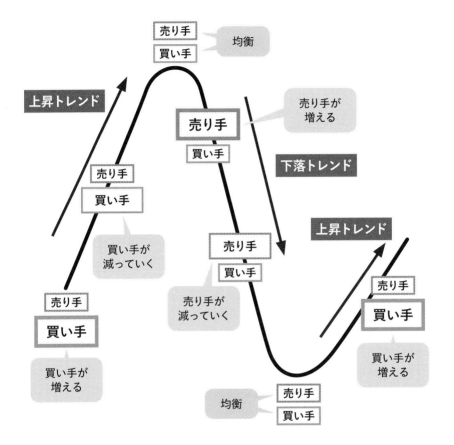

でしょう。値動きを理解すれば、トレンドに乗りやすくなるわけです。

　もう少し細かく、波の動きを見てみましょう。

　まず、波の頂点へ向かう動きです。まず、買い手が売り手より増えることで値段は上がってきます。しかし、永遠に上がり続けることはありません。買い手が減るか、売り手が増えると、売り手と買い手はどこかで均衡します。【図14】では増えた買い手が減っていく例だけを示していますが、当然、売り手が増える場合もあります。このとき、値動きだけでは買い手

が減ってきたのか、売り手が増えてきたのか、両者が均衡した理由はわかりません。ここで**重要なのは、売り手と買い手が均衡したことで頂点ができる**ということです。需給が均衡しているから値動きは頂点で止まっています。もし売り手が強ければ、早く値段は下がるはずですし、買い手が多ければそのまま値段は上がるはずです。しかし、ピンポイントで相場の波の頂点ができているということは、ここで**売り手と買い手の勢力が均衡した**ということになります。

売り手が減ると底ができる

ここからは、下げる動きも見ておきましょう。

頂点で売り手と買い手が均衡した後、売り手が増えるか買い手が減れば値段は下げていきます。前ページの【図14】では、売り手が増える例で示しています。売り手が増えて下げる動きが続いていても、どこかで売り手が減ったり、買い手が増えたりして値段が均衡する場所ができます。これが**売り手と買い手の均衡点**であり、波の底です。買い手が少し増えるか、売り手が減って値段が上昇することで、最も低い均衡点が相場の波の底として確定します。

なぜ波の頂点や底が確定するかというと、「高値（頂点）を上抜けない限り、絶対に値段は上昇しない」し、「安値（底）を下抜けない限り、絶対に値段は下落しない」からです。ということは、この**高値となる頂点や安値となる底が明確な値動きの分岐点**となります。

相場やチャートで高値と安値が重要なのは、こうした値動きのしくみにおいて重要なポイントだからです。

このように**値動きのしくみがわかると、相場が上昇しても下落しても差益を狙うことができます**。私がFX取引をするのもこのためで、取引機会の多いFXは私にとって魅力的なのです。

memo ✏

頂点と底のしくみを理解して、波の変化を捉える

4章

ダウ理論 で 値動きを分析する

ダウ理論は、金融投資で基礎となる考え方のひとつです。考案されてから100年以上も経った現在でも、広く活用されています。ダウ理論による値動き分析を紹介します。

日本発祥の値動き表示ツール
ローソク足の構造を理解する

一定時間の値動きを4つのタイミングで記録

　チャートは多くの場合、ローソク足で示されています。**ローソク足**は、値動きを知るための道具です。ローソク足チャートを読み取れると、金融商品に関係なく、株でも、FXでも、ビットコインでも、原油でも、小麦でも何でも相場の先行きを読み解くことができるわけです。逆にローソク足という値動きの基本を知らないと、投資判断もできません。

　ローソク足は、一定時間の値動きについて、4つのタイミングの値段を記しています。

　この一定時間は、1日、1週間、1カ月などがあり、それぞれのローソク足は**日足、週足、月足**と呼ばれています。1日より短いものには、1時間（1時間足）や5分（5分足）、1分（1分足）などもあります。**それぞれの時間のなかで値段がどう動いたかが、ローソク足に示されています。**それは**4本値**といわれ、一定時間における**最初の値段（始値）、最も高い値段（高値）、最も安い値段（安値）、最後の時間の値段（終値）の4つ**です（次ページの【図1】参照）。

　ちなみにローソクというのは、四角い部分（**実体**）がローソクの本体、上の線の部分（**上ヒゲ**）をローソクの芯や炎に見立てたものです。下の線の部分（**下ヒゲ**）は考えられていないようですね。

　【図1】には白と黒の2つのローソク足があり、よく見ると、始値と終値の位置が違います。白いほう（陽線）は始値が下にあり、終値のほうが上にあります。一方、黒いほう（陰線）は上に始値があり、下に終値があります。

【図1】 値段の変化を示すローソク足

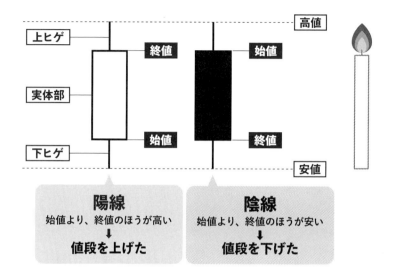

ということは、**陽線は1本のローソク足が示す一定時間の間でその時間が始まった瞬間より終わった瞬間のほうが値段が高い**ということを示しています。つまり、値上がりしたということです。逆に、**陰線はローソク足が始まった瞬間より終わった瞬間のほうが安くなっている**ので、要するにその一定期間では値下がりしたわけです。

　ここでは白を陽線、黒を陰線と呼びますが、色は白黒に限りません。赤が陽線、青が陰線とか、逆に青が陽線、赤が陰線となる場合もあるので、色で単純に覚えるのは無意味です。
　いずれにせよ、陽線・陰線と分けることで値段が上がっているのか、下がっているのかが視覚的にも、判別しやすくなります。

---

memo ✎

ローソク足の理解が投資判断の基礎になる

ローソク足のなかの波を知る

ローソク足を分解して考える

1本のローソク足のなかにも相場の波がある

ローソク足が一定時間の値動きを示すということは、1本のローソク足のなかにも値動きの波があり、売り手と買い手の動きがあります。この一定期間を「**時間軸**」といいます。この時間軸が投資ではとても重要です（6章参照）。

ローソク足のなかの値動きがイメージしにくい人は、まず1本のローソク足で1年間の値動きを示す「**年足**」を考えてみてください。年足の時間軸で見ると、1年の間には必ず上昇や下落の値動きがありますよね。この**1年間の値動きの頂点がローソク足の高値、底がローソク足の安値です**。ローソク足1本のなかにも相場の波があることがイメージできたでしょうか。

ではローソク足を使って、売り手と買い手の分岐点をどのように探すかが、取引するための課題です。

ここでポイントとなるのが「**時間軸**」の捉え方です。たとえば、1本の週足のローソク足のなかには、5日分の日足の動きが含まれています。

また、24時間ずっと市場が動いているFXならば、1本の日足のなかに24本の1時間足があります。ただし、日本株は取引時間が短いのでそうはなりません。ほかの金融商品も取引時間により違います。そういう意味では、FXはとてもシンプルでわかりやすいといえます。トレード練習にも適しています。

このように**ローソク足の時間軸を切り替えると、1本のローソク足のなかにも何本かのローソク足が含まれていることになり、その動きを見ることで波を見つけることができます**。

【図2】はある金融商品の同期間における1本の週足と5本の日足です。

【図2】週足は5本の日足をひとつにまとめたもの

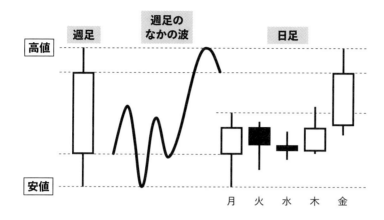

週足では1本の陽線のローソク足ですが、日足に分解すると、5本となり月曜日の高値と安値の間での推移が水曜日まで続き、木曜日に月曜日の高値を超えてから金曜日に大きく上昇したことがわかります。

値動きの基準がわかると売買判断もしやすくなる

このようにローソク足をより短い時間軸に分解して考えると、1本のローソク足の内部の動きが見えてきて、売り手と買い手がどのように動いているのか、どこが均衡点になっているのかが見つけやすくなります。

この場合、月曜日の高値と安値が最初の均衡点だったので、木曜日に月曜日の高値を超えたことで、値段が上昇する動きになりました。チャート分析の技術を持っている人は、ここで取引する（買う）ことができるので、上昇の値動きに乗れるわけです。

これは取引技術なので、動く理由は関係ありません。**値動きのしくみを知っていると、今後の動きを判断する基準を持つことができるのです。**

---

memo ✎

ローソク足を短い時間軸に分解してなかの波を見つける

世界中で100年以上使われる投資の基本
ダウ理論は普遍的な判断方法

すべての金融投資に適用できる

88ページの【図11】で説明した取引タイミングは、ダウ理論に従っています。ダウ理論の「**ダウ**」は、チャールズ・ダウの名前からきています。彼は世界最大の経済新聞「ウォールストリートジャーナル（The Wall Street Journal）」の発行元であるダウ・ジョーンズ社の創業者の１人で、1902年に亡くなっています。米国株の指数として使われている「NYダウ」も彼の名前と社名に由来します。

ということは、ダウ理論は19世紀に考案され、すでに100年以上使われているということです。**変化の激しい金融市場で１世紀も使われ続けているということは、それだけ効果がある、もっと簡単にいうと「儲かる理論」ということになります。**金融市場は弱肉強食の世界なので、役に立たないものは誰も使いません。ダウ理論は普遍的で、まさに**投資の基本**なのです。

ダウ理論は100年以上前の米国で株取引のために考えられましたが、金

【図3】ダウ理論を提唱したチャールズ・ダウ

チャールズ・ダウ

（1851年〜1902年）

新聞社に入社後、ニューヨーク証券取引所で株式投資に関する取材と記事執筆を経験。この経験をもとに19世紀末、「株価はすべての事象を取り込む」という「**ダウ理論**」を提唱

ダウ理論には100年以上使われている
信頼性 と **普遍性** がある

融市場の値動きはみな同じです。買う人が多ければ値段が上がり、売る人が多ければ値段は下がります。需給関係です。この値動きの原則とダウ理論に基づくと、株でも、為替でも、商品先物でも、暗号資産でも、値動きをチャートに示すことができる金融商品であれば、すべてに適用できます。

　ですから、これひとつを理解すれば、**あらゆる投資判断ができ、投資の入口・出口戦略を立てられる**のです。

　詳細は拙書『１日２回のチャートチェックで手堅く勝てる兼業FX』に記述されています。

値動きにはすべての要因が含まれている

　ダウ理論は相場の波、つまりトレンドに関する理論で、内容はとてもシンプルです。相場の波が上向きか下向きかを教えてくれると同時に、取引するタイミング、つまりエントリー（入口）と決済すべきエグジット（出口）を示してくれるので、とても有益です。

　ダウ理論では、「値動きにはすべての要因が含まれている」としています。**すべてのファンダメンタルズ要因も値動きに含まれており、値動きはそうしたあらゆる要因を含んだ結果である**ということです。これが重要です。

　金融市場はさまざまな要因で動きます。この要因の何かに注目して他人より少し早く取引しよう、どっちかに賭けよう、というのがファンダメンタルズ分析をする人の考え方です。しかし、これは未来を予想しようとするので当たれば大きいかもしれませんが、外れることも多くなります（３章参照）。

　一方、ダウ理論では、そうした先走りする人もいる前提で、そうした人の成功や失敗も含めて、最終的にどうなるかを需給で確認してから相場に参入します。つまり「**後出し**」するのです。だからダウ理論を知っている人は相場状況を確かめてから、「**後出し**」で「**いいとこ取り**」できるのです。

---

memo ✐

ダウ理論の理解が取引戦略の基本

相場が動く判断基準
高値と安値は
一定時間の均衡点

値動きが止まっても高値・安値とは限らない

　相場では、常に売り手と買い手が交錯して値段が上下しています。売り手と買い手が勢力争いや力比べをして、多数派の方向に動くのです。そうして**上下する値動きのなかで、売り手と買い手が均衡すると、値動きは止まります。これが高値や安値です**（93ページ【図14】参照）。

　1本のローソク足のなかには上下する値動きがあることはお話しました。一般的なローソク足の解説図では、【図4】の①のように単純に上下したもので説明されます。しかし、現実はこんなに単純な動きとは限りません。

　その例が②です。【図4】では高値H、安値Lのほかにも、A、B、C、D、Eで値動きが止まっています。つまりこれらも均衡点です。ただ、これらがそのローソク足の高値や安値にならないのは、ローソク足が一定時間の値動きだからです。**相場の値動きを一定時間で区切ったとき、その時**

【図4】ローソク足は一定期間の値動きを示している

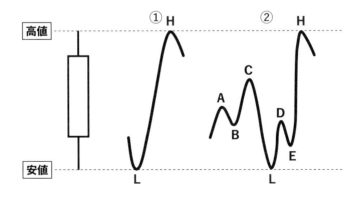

【図5】相場は均衡点を超えた方向に動く

> 高値・安値は売り手と買い手の均衡点

> 均衡が崩れると……

> **相場は「売り手」か「買い手」の多数派の進行方向に動く**

間で最も高い値段が高値、最も安い値段が安値になるのです。

均衡点を超えると相場が動く

　金融相場は常に値段が動いているので、「ここから動く」という判断をするのは難しいものです。だから投資はタイミングが難しく、長期や積立を選択しがちです。しかし、**均衡点である高値を上抜ければ上昇しやすく、均衡点である安値を割り込めば下げやすくなります。**高値で売り手と買い手が均衡したのですから、高値を超えるということは、買い手が優勢になったということです。となれば、値段は上がります。

　一方、安値も均衡点ですから、安値を割り込むということは、売り手が増えたということで、値段が下がります。こうしたことから、**高値や安値が相場判断の基準として使える**わけです。

　逆に考えると、均衡点である高値と安値の間では、買い手が優勢になったり、売り手が優勢になったりと、**勢力争い**をしているわけです。しかし均衡点を超えない限り、相場は動きません。相場にはこうした**レンジ**の時間が多くあるのです（105ページ【図6】参照）。

> memo
>
> **相場は均衡が崩れた方向に動く**

値動きのしくみを現実の相場に適用する

トレンド相場とレンジ相場

利益を取りやすい局面を判断する

　トレンドは、相場が一定方向に動く状況です。値段が上がり続けていれば「上昇トレンド」、値段が下がり続けるなら「下落トレンド」または「下降トレンド」といいます。

　ただ、現実の相場は上昇と下落だけではありません。このどちらかわからない状態を「レンジ相場」あるいは「もち合い相場」といいます。

　【図6】はトレンド相場とレンジ相場のチャート例です。

　この3つのチャートにはそれぞれ50本のローソク足を表示し、それぞれ5本目をA、15本目をB、25本目をC、45本目をDとして印をつけています。

　上昇トレンドは、値動きが上昇を続けるので、A、B、Cのどこで買っても値段は上がっていき、Dの時点では差益を取ることができます。下落トレンドの場合も同様に、Dの時点でマイナスの差が取れます。

　しかし、違うのがレンジ相場です。レンジ相場は方向性がないため、A、B、Cの時点では買えばよいのか、売ればよいのかがわかりません。Dで決済するとして、買った場合は、AとBは損となり、Cだけ差益を得られますが、もし売った場合はAとBは差益を得て、Cは損失となります。

---

memo ✎

上昇か下落かわからない状態が「レンジ相場」

【図6】上昇トレンド相場・下落トレンド相場とレンジ相場

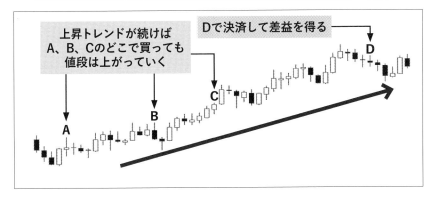

上昇トレンドが続けば
A、B、Cのどこで買っても
値段は上がっていく

Dで決済して差益を得る

A　B　C　D

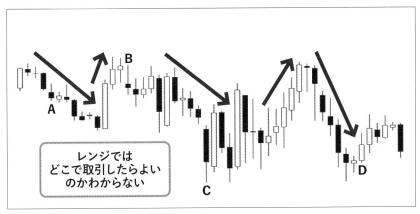

レンジでは
どこで取引したらよい
のかわからない

A　B　C　D

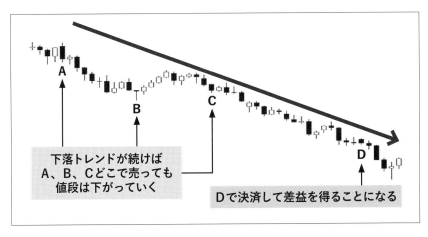

A　B　C　D

下落トレンドが続けば
A、B、Cどこで売っても
値段は下がっていく

Dで決済して差益を得ることになる

高値と安値を見る

ダウ理論 基本①
上昇トレンドの見極め

ダウ理論のトレンド定義はシンプル

トレンドとレンジが区別できると、方向感のないレンジ内での無駄な取引を控え、多数派によってトレンドが発生したところで利益を狙うことができます。

ダウ理論は、相場のトレンドについて、次のように定義しています。「**上昇トレンドは高値を更新し、安値を更新せず**」「**下落トレンドは安値を更新し、高値を更新せず**」これだけです。これにすべてが含まれています。

ここでもローソク足の４本値のうち、高値と安値が使われています。ダウ理論で、**相場がトレンドか否かを判断するには、この高値と安値の数値が必要だということです**。なかでも、市場参加者の誰もが見る日足の高値と安値は特に重要です。では、ダウ理論の中身を見ていきましょう。

前のローソク足の高値を更新するか

まず、**上昇トレンド**についてです。「高値更新」ということは、**ローソク足が前のローソク足の高値より高くなった**ということです。「安値を更新せず」ということは、**前のローソク足の安値を割り込んではいない**ということです。この両方が同時に起こっていないと、上昇トレンドにはなりません。片方だけではダメということです。

【図７】のような動きになると、ダウ理論では上昇トレンドの条件を満たしたことになります。つまり、値動きが上昇の動きになったのです。ここではわかりやすく２本で説明していますが、この動きがずっと続くと、陽線が続いて値段が上昇していく動き、つまり上昇トレンドになっていきます。

高値更新したということは、次の買い手がそれまでの高値よりさらに高

【図7】上昇トレンドが成立する2条件

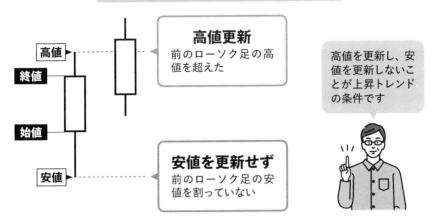

高値更新
前のローソク足の高値を超えた

高値を更新し、安値を更新しないことが上昇トレンドの条件です

安値を更新せず
前のローソク足の安値を割っていない

い値段で買い、値段が上がり、値段差が生まれたということです。だから、**上昇トレンドがあれば、「買って上がったところで売る」ことでキャピタルゲインを取りやすいのです**（【図8】参照）。別の見方をすれば、買い手が多ければ値段が上がり、買い手がいなくなり売り手が多くなれば値段は下がるという、値動きの原則に従っています（93ページ【図14】参照）。

　だから、ダウ理論は100年以上経過しても世界中で使われていて、投資の基本といわれるわけです。

【図8】上昇トレンドでキャピタルゲインを得る

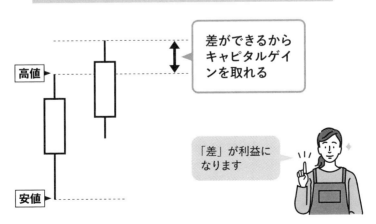

差ができるからキャピタルゲインを取れる

「差」が利益になります

前のローソク足の安値を更新していないか

　しかし、すでに説明した通り、**高値更新しただけでは上昇トレンドとはいえません**。「**安値を更新せず**」の視点も必要です。たとえ高値を更新しても、前のローソク足の安値より下げた安値をつけた場合、「高値を更新し、安値も更新」ということになるので、上昇トレンドにはなりません。

　高値更新と安値更新が同時に起これば、高値更新で差が生まれていますが、安値も更新してマイナス側の値段差も生まれます。ということは、買い手が優勢なのか、売り手が優勢なのかがわからない状態であることを値動きとチャートが示しています。**相場では売り手と買い手のどちらが優勢か、多数派なのかがわからなければ、「後出し」もできません。**このような先行きが判断できない場合は、トレンドではないということです。

【図9】安値を割れば上昇トレンドではない

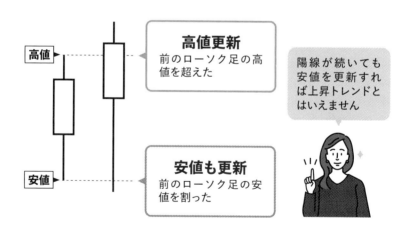

高値更新
前のローソク足の高値を超えた

安値も更新
前のローソク足の安値を割った

陽線が続いても安値を更新すれば上昇トレンドとはいえません

---

memo ✎

上昇トレンドは高値を更新し、安値を更新せず

損切りや押し目の判断

ダウ理論 基本②
下落トレンドの重要性

下落トレンドは上昇トレンドの逆向きを考える

下落トレンドの場合は、上昇トレンドの逆向きの動きです。つまり【図10】を見ればわかるように「**安値更新**」と「**高値を更新せず**」が両方起こらなければならないのです。

上昇トレンドを理解できれば、**下落トレンド**も簡単に理解できるでしょう。しかし、上昇トレンドの理解が十分でないと、下落トレンドはますます理解しにくいものになってしまいます。それは、下落トレンドの値動きが日常生活ではイメージしにくいものだからです。ですから、もし下落トレンドがわからないという場合は、上昇トレンドの部分を考え直すのがよいでしょう。まず基本があって、そのうえで応用するのは、投資に限らずどんなことでも同じなのです。

そして、投資においてこの下落トレンドの理解がとても重要です。それ

【図10】下落トレンドが成立する２条件

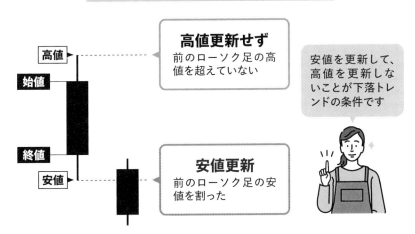

高値更新せず
前のローソク足の高値を超えていない

安値を更新して、高値を更新しないことが下落トレンドの条件です

安値更新
前のローソク足の安値を割った

高値

始値

終値

安値

【図11】高値を更新すれば下落トレンドではない

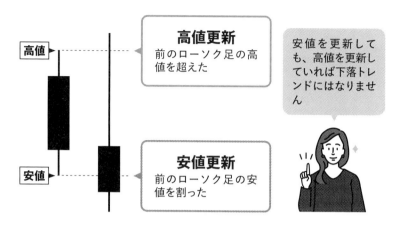

高値更新
前のローソク足の高
値を超えた

安値を更新して
も、高値を更新し
ていれば下落トレ
ンドにはなりませ
ん

安値更新
前のローソク足の安
値を割った

は、損失が生じた場合の出口、つまり**損切り**をするかどうかの判断のほか、相場の**押し目**（上昇トレンドで一時的に値段が下がったところ）や**押し安値**（押し目の安値）の判断、さらには従来の相場の流れが転換するかどうかの判断につながるからです。

下げ止まりや再上昇のタイミングをつかむ

　下方向のトレンドで利益を得られるのは、株の信用取引やFX、商品先物やCFDなどです。これらは、とにかく「**差**」があれば利益にできる金融商品です。すると、株（現物）のように買って利益を得ることしかできない取引をする人にとって、下落トレンドは関係ないように思われがちです。でも違います。下落トレンドが止まる動き、つまり下げ止まる動きは、波の底です。相場の波の底と思って株を買ったけど、値段がさらに下がってきて**評価がマイナスになってきたという場合に、損切りすべきか、それとも、保有し続けて値段が回復するのを待つべきかを判断する基準になるわけです**（93ページ【図14】参照）。

追加取引でさらなる利益を狙う

　また、再び上昇する可能性があるレベルの下げであれば、一時的な安値、

【図12】押し目でさらなる買いを入れ利益を増やす

〈旭化成（3407） 日足 2020年12月〜2021年2月〉

チャート提供：TradingView（https://jp.tradingview.com）

押し安値と判断して、**買い増しの追加取引**をする戦略を取れます。すると、安い値段で取引量を増やせるため、利益を大きく増やすことにつながります。

　こうした**チャートが示す、下げ止まりや再上昇のタイミングをつかむためにも、ダウ理論で下落トレンドのしくみを理解しておくことが大切です。**

　そうした意味では、上昇でも下落でも利益を狙えるデリバティブで取引経験を積むと、それがほかの金融商品のチャートを見るうえでも役に立ってきます。

　私は最初に株を取引し、その後FXを始めましたが、「**チャートを見る目**」はFXで培いました。株ではこのようなチャート分析をする人は少数派でしょう。ということは、「チャートを見る目」を持っている人は他人に差をつけることができるということです。

---

memo ✐

下落トレンドのしくみを理解すると出口戦略が見える

値動きは終値で判断

ダウ理論 基本③
同値は更新ではない

上昇トレンドの同値の安値

　上昇トレンドにおいて、高値のみ更新し、安値は前の安値と**同値**だった場合はどうでしょうか。判断に迷いそうな場面です。

　同値の場合は、安値を更新していません。**安値を更新するということは、ほんのわずかでも安値より低い値段をつけるということです。**同値は低い値段ではないので、更新ではありません。つまり、**安値が同値の場合は上昇トレンド継続と判断します。**

　ただ、現実にはこのような場合、さらに次の2通りが考えられます。

終値の位置に注目する

　その判断の違いは**終値**の位置です。このようなトレンド判断が微妙になりそうな場面ではじめて、終値が注目されます。

　まず、次ページの【図13】のように終値が前のローソク足の安値付近についた場合を考えてみましょう。前の安値と同じ値段まで下げて終わったということは、それだけ買い手が減ったか、売り手が増えたことになります。また、高値を更新したので買い手が優勢ではあるものの、それなりに売り手もいるということが考えられます。つまり、**次に出現するローソク足が、高値を更新して、さらに上昇する動きにならないと、上昇トレンドは続きにくい**ということです。

　また、安値が2本のローソク足で同じ値段になったので、この安値付近で買っている勢力が強いこともわかります。買い手がいるから下げ止まっています。ですから、この安値を割り込むと、売り手と買い手の均衡が崩れて下落に転じる可能性があります。

　次に、終値が前のローソク足の安値付近ではなく、もっと高い値段をつ

【図13】 終値が安値付近なら次のローソク足に注目

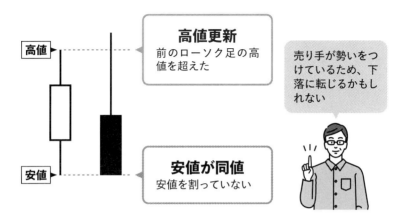

高値更新
前のローソク足の高値を超えた

売り手が勢いをつけているため、下落に転じるかもしれない

安値が同値
安値を割っていない

けた場合を考えてみましょう。この場合、【図14】のように長い下ヒゲができることになります。

　【図14】では、2本目のローソク足が陽線になっていますが、陰線でも問題はありません。重要なのは、この2本目が陽線か陰線かではなく、前のローソク足の安値と次のローソク足の終値の関係です。たとえ、安値が前のローソク足の安値と同値であっても、**高値を更新し、終値が前の安値**

【図14】 終値が高ければ上昇トレンド継続

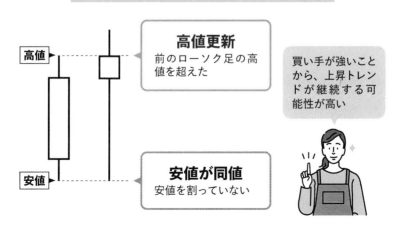

高値更新
前のローソク足の高値を超えた

買い手が強いことから、上昇トレンドが継続する可能性が高い

安値が同値
安値を割っていない

付近になければ、**引き続き上昇する**可能性のほうが高いと考えられます。前のローソク足の安値付近まで下げた動きは一時的で、その後は再び上昇して終値をつけているので、買い手が強いことが推測されるからです。

下落トレンドの同値の高値

この見方は下落トレンドでも同様です。安値を更新したものの、高値が同値をつけた場合は、終値と前のローソク足の高値の位置関係で2通りの状況が考えられます（【図15】参照）。

終値が前のローソク足の高値付近の場合は下落トレンドではありますが、それなりに買い手が増えてきているということです。そのため、次のローソク足次第ではトレンドが続かない可能性もあります（【図15】左参照）。また、終値が安い値段だった場合は、売り手の勢いが強く下落トレンドが続きそうだと推測できます（【図15】右参照）。

【図15】高値同値の下落トレンド

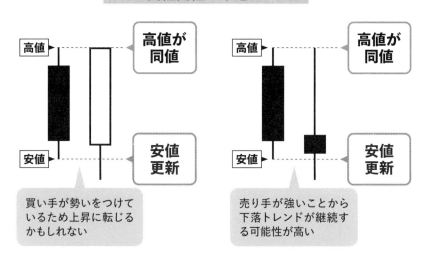

高値が同値

安値更新

買い手が勢いをつけているため上昇に転じるかもしれない

高値が同値

安値更新

売り手が強いことから下落トレンドが継続する可能性が高い

memo

ローソク足で売り手と買い手の強弱を推測する力が大切

高値安値と始値終値の関係性
ローソク足が示す
3つの情報

始値と終値は短期的な動きを示す

　ローソク足の**4本値**のなかには、高値と安値、始値と終値という2つの関係性があります。

　高値と**安値**は、過去のローソク足の高値や安値と現在のローソク足の高値安値を比較することで、相場全体の流れ、方向性を判断する材料となります。これはダウ理論でも使われています。

　一方、**始値**と**終値**はローソク足の一定時間のなかで、最終的に値段が上がったのか、下がったのかを示しています。よって、こちらは今どうなっているかという短期的な動きです。

　つまり、**まず、大きな流れを捉えるために複数のローソク足で高値安値に注目して流れを見る。次にその流れが反転する兆しを探すために始値終値にも注目しておく**ということです。

　たとえば、上昇トレンドが続くときは陽線が多いはずです。ときには陰線も出ますが、それはその一定時間における小さな動きなので、大きな動きには影響しません。上昇トレンド自体が変わる可能性が見えてくるのは、陰線が連続する場合です。**陰線が連続するということは、始値より終値のほうが安いローソク足が続くということです**から、上昇トレンドは終わっています。

日足が下落トレンドを示す

　ここまでのお話をトヨタ自動車（7203）の日足と月足で見てみましょう。次ページの【図16】の期間の一番の安値（最安値）は7月31日の6217円、最高値は8月13日の7380円です。

　日足を見ると、7月31日は陰線でこの期間の安値をつけますが、翌営

【図16】注目する時間軸で取引チャンスが違う

〈トヨタ自動車(7203)　日足・月足　2020年7月30日〜9月7日〉

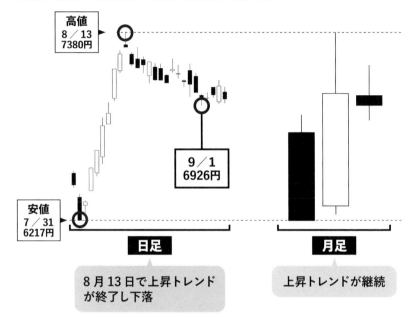

高値
8／13
7380円

9／1
6926円

安値
7／31
6217円

日足

月足

8月13日で上昇トレンド
が終了し下落

上昇トレンドが継続

業日となった8月3日は陽線。しかしながら、7月31日の高値を更新し
ていません。この時点では一時的な陽線です。しかし、翌8月4日も陽線
となり、陰線だった7月31日の高値を超えます。これで2本連続して陽
線です。

　2本目の陽線となった8月4日は7月31日の高値を更新し、安値は更
新していません。このため、ここで日足の株価は上昇に転じ始めます。そ
の後も8月13日の高値まで「**高値を更新し、安値を更新せず**」の動きが
続きました。ダウ理論では上昇トレンドであり、ローソク足は陽線が連続
しています。

　しかし、**永遠に続く上昇はありません。** 8月13日高値をつけた後、こ
の日の日足は陰線となりました。この日は始値より終値のほうが低かった
わけです。これで翌日のローソク足が注目されます。翌日が高値更新なら

ば、この陰線は一時的ですが、安値更新すれば上昇トレンドは終了する可能性が出てきます。そして翌8月14日は前日の安値を更新し、しかも高値を更新できませんでした。「**安値を更新し、高値を更新せず**」です。これで上昇トレンドは終了し、下落トレンドになります。その後も陰線が続き、緩やかな下落の動きは9月1日の安値6926円まで続きます。

月足が上昇トレンドを示す

ここで、【図16】で日足の横に表示している3本の月足を見てください。

月足は7月から9月のものですが、8月の動きを見ると、陽線です。日足が8月13日に高値をつけてから月末まで下げた動きが、月足では高値と終値の間で上ヒゲとなっています。8月は7月の高値を更新し、安値を更新せず、なので月足は上昇トレンドを示しています。

このため、**日足は少し下げていても、月足が上昇なので、上昇の大きな流れがある**ことになります。その後、トヨタ株は上昇して2020年末には8000円台まで上昇しています。

8月13日以降の下げる日足と、7月から8月へと上昇する月足の違いは、値動きの時間的視点つまり**時間軸の違い**です。

投資では、**自分がどのような時間軸で相場を見るかによって、取引チャンスも相場の方向性も違って**きます。その視点の違いが、高値安値を見る場合と、始値終値を見る場合にも表れています。これは相場解説する人なども含めて、**無意識にどちらに注目しているのかで、その人の投資スタンスが浮き彫りになります。**

この「どちらに注目しやすいか」が、自分の性格や考え方にあったトレードスタイルを探す参考となるでしょう。このことがローソク足から得られる3つ目の情報です。

memo ✎
大きな流れ、小さな流れ、トレードスタイルを示す

ローソク足のなかの勢力争い

ダウ理論 実践①
値動きのしくみ

技術の習得には練習が必要

　ダウ理論のトレンドの定義はシンプルですが、実際の**チャート分析**では、迷うこともあります。それはチャート分析が技術だからです。技術を習得するには、ある程度の練習と訓練が必要です。

　テニスにたとえるなら、ラケットの振り方を本で読んだからといって、試合ができるレベルには程遠いということです。**投資でも、知識をつけることと、技術をうまく使えることはまったく違います。練習が必要だということ**です。

　それでは、少し長い期間の値動きの事例を示しつつ、どのように考えていくかを実践的に見ていきましょう。そこで、これまでは数本のローソク足で解説してきましたが、ここからはより実践的に徐々に本数を増やしていきます。

　まずは1本のローソク足です。通常のチャートでは、当然、これより前のローソク足がありますが、キリがないので、この1本から説明していきましょう。

1本のローソク足のなかはレンジ相場

　1本のローソク足があれば、必ず高値と安値があります。ということは、高値の上には売り手がいて、高値の下には買い手がいます。だから均衡して高値ができました。同じように安値の下には買い手がいて、下げる動きを止めています。ということは安値の上には売り手がいて、安値まで値段を下げたということです。

　高値で売り手と買い手が均衡し、安値でも売り手と買い手が均衡してい

【図17】売り手と買い手が均衡するとレンジができる

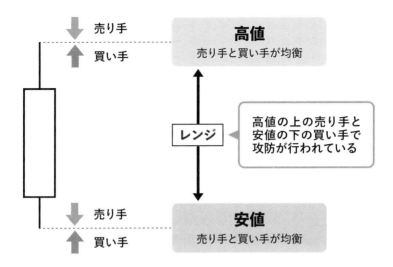

るということは、**高値と安値の間では売り手と買い手が勢力争いをしてい**ることになります。このため、ローソク足のなかの値動きは方向感がなく、レンジ相場になっています。1本のローソク足でも、そのなかはレンジと考えられるわけです。

　ですから、このレンジ内で買ったり売ったりしても、高値か安値を抜けない限り、値動きの方向性は出ません。**このローソク足は陽線ですが、その後上がるか下げるかは運次第です。**

　レンジ内の買い手と売り手が一時的にどちらが強まるかで、値段は上下します。しかし、結局レンジを抜けるまでは、売り手と買い手がお互いを潰し合うので、この間の勢力は定まりません。「レンジ相場では値動きが定まらず、取引をするのが難しい」といわれることが多いのは、このためです。

---

memo

ローソク足の高値と安値の間では値動きが定まらない

上昇の動きが確定するまで

ダウ理論 実践②
高値と安値の攻防

【図18】終値が確定した瞬間に次のローソク足が出現

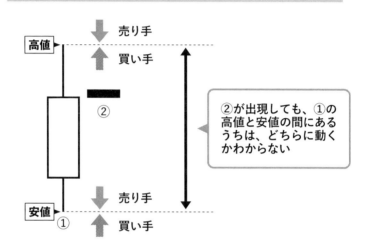

高値 ← 売り手 / 買い手

②

②が出現しても、①の高値と安値の間にあるうちは、どちらに動くかわからない

安値 ← 売り手 / 買い手
①

次のローソク足が出て時間が切り替わる

　1本のローソク足から、少しずつ時間を進めていきます。

　通常は1本目のローソク足の期間が終わった時点、つまり終値が確定した瞬間にローソク足は2本目が出現します。**時間が切り替わる**わけです。ここからはわかりやすいように図のローソク足に番号をつけていきます。

　2本目のローソク足②が出現しても、①の高値と安値の間にあるうちは、どちらに動くかわかりません。

　ちなみに、経済指標や決算などの要因で取引する人は、このようなチャートの状況に関係なく取引します。ただ自分の描いた通りに値段が動くかどうかは、高値か安値を抜けない限り、わかりません。だから、値動きという事実に従うべきなのです（86ページ参照）。

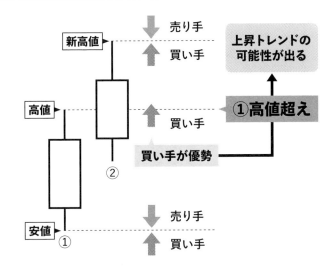

【図19】高値更新したときは買い手が優勢なとき

新高値 — 売り手 買い手
上昇トレンドの
可能性が出る

高値 — 買い手 ①高値超え

買い手が優勢

②

安値 — 売り手 買い手
①

　【図19】のように②が、時間の経過とともに、値段が上昇したとします。そして、①の高値を上抜けました。この時点で②は①の高値を更新したことになります。高値という**均衡点を超えたので買い手が優勢になり、値動きは上昇トレンドになる可能性**が出てきます。

　なぜ「可能性」であって「上昇トレンド確定」とならないかというと、まだ②がローソク足の一定時間を経過していないからです。ローソク足の４本値が確定するのは、②が終了した瞬間です。それまでは、一旦は高値更新したとしても、安値を更新する可能性も残っています。そのため、上昇トレンドの定義**「高値更新、安値を更新せず」**が確定していないため、可能性に留まるわけです。ただ、それでも、高値更新した時点では買い手が優勢であることに変わりはありません。

高値更新で勢力図が変わる

　その後②の一定時間が終了して③ローソク足が出現します。ここで②**安値が①安値を下回らなかったので、ダウ理論の上昇トレンドが確定しました**（次ページ【図20】）。

値動きの中身を見ると、買い手が優勢となり、①高値にあった売り手を押し上げます。そして②高値が売り手と買い手の新たな均衡点となりました。

　高値更新とは、このように売り手と買い手の勢力図が変わっていくこと

【図20】上昇トレンドが確定

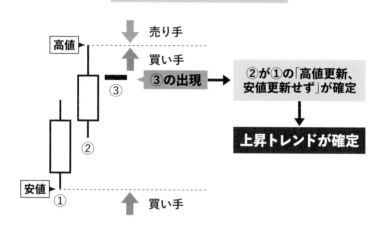

【図21】買い手優勢で高値を更新

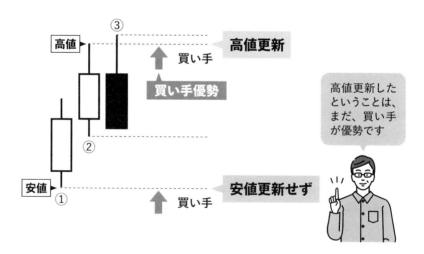

を表しているわけです。

　その後、③高値も②高値を上抜け、高値更新します。今回の③も④が出るまでは上昇トレンド継続とは確定しませんが、②高値を更新したので、買い手が優勢であることは明らかです（122ページ【図21】）。

ローソク足の値段が飛ぶ

　ちなみに、週末をはさんだり、株式市場のように取引時間が決まっている場合、**取引のない間に勢力図が変わり、売り手と買い手の両者が出合う値段が一気に飛んでローソク足の間が開く場合があります。**【図22】のように④高値と⑧安値の間が開いた状態です。

　このような場面を「**値段が飛んだ**」とか「**窓を開けた**」といわれます。買い手が増えた、あるいは、売り手が減ったことで強く上昇した結果、次の取引開始時間（大抵は翌日）までに値段の間が開いたということです。

【図22】窓が開く値動き

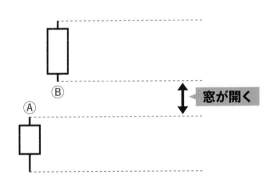

次の取引開始時間までに売り手が減るか、買い手が増えると、前の高値と安値の差が大きくなり、窓が開くのです

---

memo ✎

値動きが確定するのは次のローソク足が出てから

エントリーはしない
ダウ理論 実践③
迷う相場は様子を見る

安値更新で上昇トレンド終了

④が出る前に③は②の安値を割り込みました。この時点で、上昇トレンドは終了します。高値も更新し、安値も更新ということでは、上昇トレンドの定義を欠くからです。また、値動きを考えても、買い手が強いから前の高値を更新して上昇したのにもかかわらず、その後、安値を割り込むということは、今度は売り手が強くなったか、買い手が急速に縮小した、ということです。一定方向への動きがトレンドですから、一定方向への動きではなくなった時点でトレンドではなくなります（【図23】）。

このように継続してきたトレンドが終了するタイミングは、「逆方向の

【図23】高値を更新してもトレンドが終了することがある

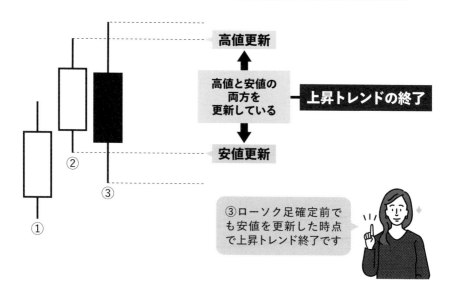

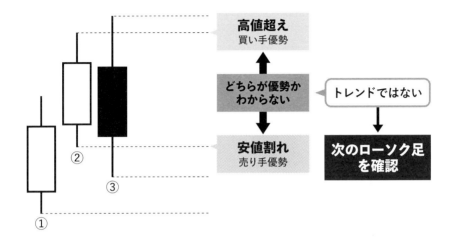

【図24】トレンドが終了したら次のローソク足に注目

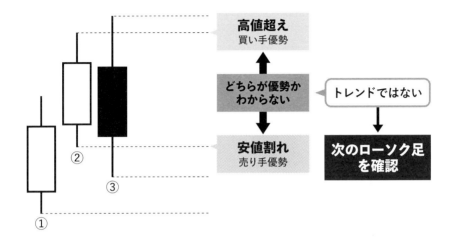

高値超え　買い手優勢

どちらが優勢かわからない　←　トレンドではない

安値割れ　売り手優勢　→　次のローソク足を確認

①②③

均衡点を超えた時点」になります。新たなローソク足（この場合④）の出現を待たないのです。これを知っていると、相場の方向性に疑問が現れたときにすぐに決済するなどして、損失から逃げることもできます。投資で売買益を得るために大事なのは「いいとこ取り」ですから、「**いいとこ」が終わる可能性が出てきたという判断が重要になるのです。**

　金融市場に永遠の動きはありません。一度買ったらずっと儲かるとか、利益を与え続けてくれる、ということはありません。どんな投資でも変化に対応することが必要です。

客観的な判断基準を持つ

　値動きの見える相場取引では、その変化の兆しを見つけるために**判断基準**を持つことが大切です。これがないと、撤退する決断がしにくくなり、利益が消えてしまいかねません。上がると思って買っているものを決済する、という決断は、自分が決断した「買う行為」の正反対です。人間はそんなに柔軟ではありません。特に投資経験の少ない人ほど、一度決めたことを変えにくいものです。基礎知識を欠いたり、経験が不足したりすると

柔軟に対処できません。

　すると、決済するタイミングや相場から逃げるタイミングを逃し、結果として**塩漬け**や、**利益の減少**になります。だから、**自分の考えではなく、客観的な判断基準を持つことが投資では重要なのです。**

　また、これは逆もあって、初心者ほど自分の考えに自信がないので、安易に決済したり、考えを変えて利益を取り損ねたりすることも起こります。この点でも「いいとこ取り」するには一定の**判断基準**が必要なのです。

　いずれにせよ、**これまでと違う方向に動き、トレンドと矛盾するようになったら、まずそれが変化の兆しである**ことを認識しましょう。そのうえで「撤退する」「あるいは撤退を考えつつ次の動きを注意深く観察する」必要があります。

　ここで注意したいのは、③で②の安値を割ったからといって、下落トレンドにはなっていない点です（125ページ【図24】）。高値と安値に注目するというと、「単純に高値を超えたら買い、安値を割ったら売ればいい」と考える人がいますが、ダウ理論を理解している人は、そうは考えないでしょう。

ハッキリしない相場は、まず観察する

　上昇トレンドだったのに、③が②安値を更新したため、④の出現を待たずに方向感がなくなりました。これで先行きがわからなくなります。

　とはいえ、③が②の安値を下抜けた時点で取る行動の選択肢は２つだけです。ひとつは**下落トレンドに転換する可能性を警戒して、いつでも買ったものを決済できる準備をすること**、もうひとつは、**ひとまず決済してしまうこと**です。ここで安値を下抜けたからといって、売りでエントリーするという選択はしません。下落の可能性を警戒しつつキープするか、決済するか、だけです。

　決済するか、決済準備して様子見するかの違いは、投資家の考え方次第です。その人の性格にもよるでしょう。守りの強い人はまず決済しておくでしょうし、利益を狙う人は様子見するでしょう。また資金量や取引数量でも考え方は違いますし、この基本をもとにもう少し複雑な分析ができる

【図25】前ローソク足を超えなければ様子見

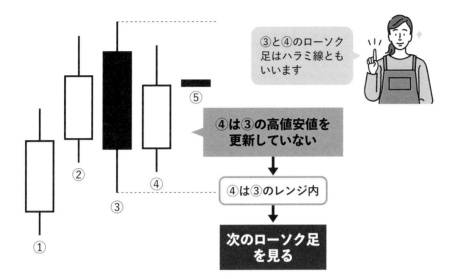

③と④のローソク
足はハラミ線とも
いいます

④は③の高値安値を
更新していない

④は③のレンジ内

次のローソク足
を見る

かどうかという投資技量でも違ってきます。

　時間が経過して、その後に出現した④の動きを見ると、③の値幅の間で
の推移となりました（【図25】）。この事例では②の安値を割ったからといっ
て下落トレンドになっていません。これは④安値が③安値を更新していな
いからです。**上昇トレンドの終了がイコール、下落トレンドの出現ではな
い**ということです。こういうことは現実の相場でもよくあることです。

　④の値動きは③の高値と安値の範囲内で一定時間が終了したので、値動
きの行方は新たに出現した⑤が握ることになります。この⑤が③の高値を
上抜けるのか、安値を割り込むのかが、今後の値動きに重要だからです。

　つまり、方向感がなくなったことで、①の時点と同じ状態にリセットさ
れたわけです。ちなみに、この③と④の状態を「**はらみ線**」ともいいます。

---

memo ✎

方向感がなくなったら、様子見か決済の2択

待つことが重要

ダウ理論 実践④
相場が迷った後の動き

次の値動きの方向はわからない

　トレンドが消えた状態、つまりレンジになっている状態は、相場が迷っている状態です。③から④への時間経過は、**相場の迷い**を示しています。売り手と買い手が勢力争いをしています。このような**ハッキリしない相場にも必ずいつか終わりが来て、多数派の方向に動き出します**。しかし、その方向は誰にもわかりません。

　投資の世界で待つことが重要といわれるのも、このためです。再三ですが、どんな金融市場でも買い手が多いか売り手が少なければ値段が上がり、売り手が多いか買い手が少なければ値段は下がります。この需給の原則を

【図26】高値更新で上昇トレンドになる可能性が上がる

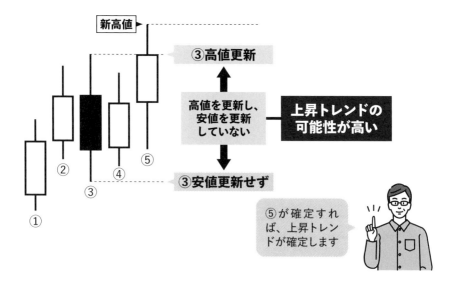

新高値

③高値更新

高値を更新し、
安値を更新
していない

上昇トレンドの
可能性が高い

③安値更新せず

①②③④⑤

⑤が確定すれば、上昇トレンドが確定します

【図27】上昇トレンドが確定する

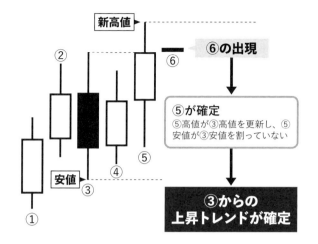

上昇トレンドが
確定するまで
待ちましょう

知っている人は、多数派が形成されてから投資します。「**後出し**」すること**で逆方向に持っていかれる可能性が小さくなり、損をしにくくなること**を知っているからです。

　その後、⑤は③の高値を上抜けました（128ページ【図26】）。このとき、④は③の値幅内の動きであり、注目すべき高値も安値もないので無視できます。すると、⑤が③高値を上抜けたことで高値更新となり、新たな高値ができました。③高値が更新されたことで、上昇トレンドとなる可能性が出てきます。そして、⑥出現時（⑤終値確定時）に⑤が③安値を割らなければ、再び上昇トレンドが始まります。「**高値を更新し、安値を更新せず**」だからです。実際、⑥が出現したときに⑤が③安値を更新していなかったので、上昇トレンドが確定しました（【図27】）。

上昇トレンドが2つある

　その後の値動きも同様の考え方で見ていくと、③から⑦まで上昇トレンドが継続しています。⑥と⑦でも「高値を更新し、安値を更新せず」が続

【図28】拡大を続ける上昇トレンド

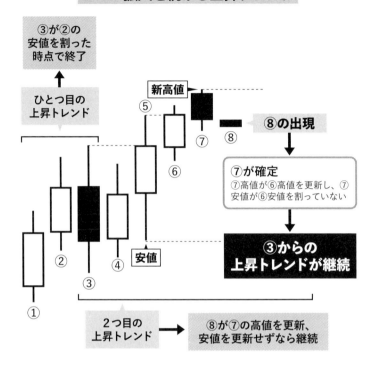

③が②の安値を割った時点で終了

ひとつ目の上昇トレンド

新高値

⑤

⑦

⑧の出現

⑥

⑦が確定
⑦高値が⑥高値を更新し、⑦安値が⑥安値を割っていない

②

安値

④

③からの上昇トレンドが継続

③

①

2つ目の上昇トレンド → ⑧が⑦の高値を更新、安値を更新せずなら継続

いたわけです（【図28】参照）。

　ここまでの動きをダウ理論で振り返ると、上昇トレンドが2つあることになります。まず①から③まで上昇トレンドで、このトレンドは③が②安値を割った瞬間に終了します。その後、⑤が③高値を上抜け、③安値も割らないので⑥が出現した時点で③から再び上昇トレンドとなり、現在の⑦まで続いています。つまり、①から⑦までで2回のトレンドに切り分けられることになります。もちろん⑧でも⑦の高値を更新し安値を更新しなければ、上昇トレンドは拡大を続けます。

memo ✎

迷う相場の後は多数派の動きに従い「後出し」する

下限・上限付近で取引が活発に

ダウ理論 実践⑤
再びレンジ相場へ

トレンドが終了した時点でレンジ相場へ

　順調に値動きは上昇してきましたが、⑧安値が⑦安値を割り込んだ時点で、③からの上昇トレンドは終了します。まだ⑨が出ておらず、⑧は終値が確定していません。

　そのため、⑦高値を上抜ける可能性もありますが、安値を更新した時点でトレンドは終了です。これは③のときと同じです。そして、上昇トレン

【図29】高値更新せず安値更新でトレンド終了

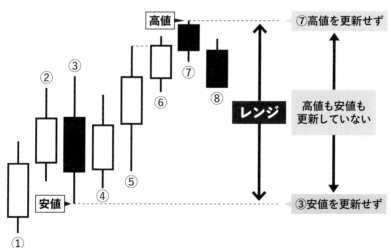

高値と安値、どちらかをブレイクすると再びトレンドができます

ドの終了が下落トレンドの開始ではない点も③と同じです。

　上昇トレンドが終了した時点で、相場はレンジになります。この場合は③安値と⑦高値との間でのレンジです（131ページ【図29】）。

　③は②安値を割りましたが、①を割らずに下げ止まりました。ですから③安値が売り手と買い手の均衡点です。この③安値の下では買い手が支えているわけです。そして、レンジの高値となる⑦高値の上には売り手がいます。だから高値ができました。ここも均衡点です。よって、③安値と⑦高値でレンジができて、**どちらかの均衡点をブレイクするまで方向感のない状況になります。**つまりレンジ相場です。

高値と安値に注目すると混乱しない

　値動きが定まりにくいレンジ内でも、一時的に下げる動きは起こります。それが⑦から⑩の動きで、こうした場面も実際によくあります（133ページ【図30】）。

　しかし、**方向が定まらない相場は、投資に不適切な相場です。**利益を求めて投資をしているのに、利益になるかどうかわからない状態で取引をすることになるからです。値動きのしくみを知らないとカモになります。

　現実の金融市場では、こうした状態になると取引が減ります。すると、困るのが証券会社などの取引仲介業者です。取引が減れば、**手数料収入**が減ります。そこで、相場予想や経済レポートなどで「多数派が動く前に取引をして、より多くの利益を取りましょう」と取引をすすめてきます。

　ちょっと脱線してしまったので、値動きの事例に戻りましょう。

　その後、⑧から値段は下げ続けて、⑦から⑩は安値を更新し、高値を更新していないので、この部分では下落トレンドになっています。ここで重要なのは、上昇の動きでできたレンジのなかに下落トレンドができた、ということです。**相場には波があるので、上がった後は下がりますが、レンジのなかでの値段の上下であって、方向性が定まったわけではありません。**その点で混乱する人が多くいます。こうした判断に迷う理由としては、自分のなかに明確な判断基準を持っていないことが挙げられます。

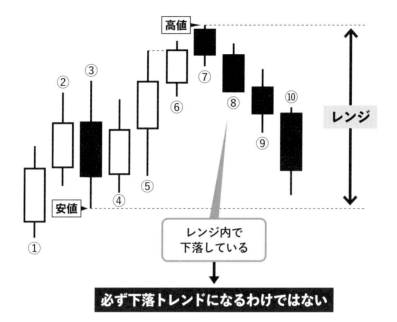

【図30】レンジ内での下落トレンド

高値

⑦

⑧

⑩

レンジ

安値

①

②

③

④

⑤

⑥

⑨

レンジ内で
下落している

必ず下落トレンドになるわけではない

　このような混乱を回避するために注目するのも、高値と安値です。

　高値や安値に注目するために、⑩から⑨、⑧と順番にローソク足を遡ります。これが大切です。**常に値動きやその結果であるチャートを分析する際には、現在から過去に遡って高値や安値を探すことが第一歩です。**

　そこで⑩からローソク足を遡っていくと、⑦高値が直近で一番の高値であることが判明します。次に、この高値に向けた上昇トレンドを探します。ここでもさらにローソク足を遡ります。すると③安値が底であり、⑩は③安値と⑦高値のレンジ内にあることがわかります（【図30】）。

　すると、⑦から⑩の動きは、レンジのなかでたまたま、**売り手優勢**になっていただけだとわかります。⑦の安値を割ったからといって、必ず下落トレンドになるわけではありません。しかし、欲張りな人はこの下落トレンドに注目して、どんな場面でも取引して利益を得ようとします。それも可能ですが、そのためにはより高度な技術や判断が必要になります。

レンジの下限と上限付近は取引が増える

　レンジ内のローソク足がレンジの下限である③安値近くまで下げてきたら、何を考えるべきでしょうか。それは、③安値がレンジの下限で均衡点だということです。この均衡点は単に安値だからというだけでなく、③から⑦へ上昇したトレンドの動きを支える均衡点でもあります（【図31】）。

　レンジの上限や下限は売り手と買い手の均衡点なので、レンジ内で均衡点を背にして仕掛けることができます。⑩の安値付近や⑪の始値付近で買うなら、均衡点である③安値のわずか下に損切りを置きます。狭い損失幅で、⑦高値に向けた広い利益を狙えて効率がよいからです。つまり、**波の底付近で買えば、波が再び上昇する動きになったとき「いいとこ取り」できるということです。**

　その後、⑪が⑩の安値を更新せず、⑩高値を更新したので、レンジ内の下落トレンドは終了します（【図32】）。そして、⑪安値が⑩安値を更新せ

【図31】ローソク足がレンジ下限付近に近づく

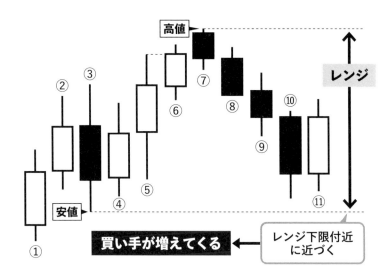

【図32】レンジ下限付近から上昇トレンド開始

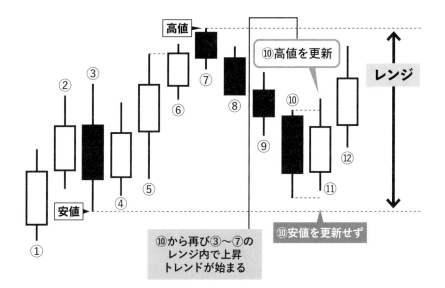

ず、⑩高値を更新したことで、⑩からレンジ内で上昇トレンドが始まります。⑫はさらに上昇し、⑦高値に接近してきています。ここはレンジの上限なので、先ほどの下限付近とは反対に売りが出やすくなります。

　⑦で上昇が続くだろうと買った人は、その後に値段が下げて含み損になっています。そうした人にとっては、自分の買値付近まで戻ってきたら、一旦決済して逃げるチャンスです。もちろん、強気の人は買いを保有したままにするでしょうし、⑦高値を超えたところでは新たに買い増しも考えるでしょう。このようなさまざまな思惑で均衡点となっている**レンジの上限付近**は、取引が活発になりやすい場所なのです。

---

memo

レンジ内のトレンドは方向性が定まったわけではない

トレンドをローソク足で見る
ダウ理論 実践⑥
値動きの分析

上昇トレンドが３つある

　レンジ内だった動きも⑦高値を⑬が上抜けることで、高値更新されます。これにより新たに、⑩安値を底にして⑬高値まで続く新しい上昇トレンドができます。

　ここまで上昇トレンドが２つあることは説明しましたが、今回の動きで３つ目の上昇トレンドができました。まずは①安値から③高値までのAのトレンド、そして、③安値から⑦高値までのBのトレンド、そして、今回の高値更新でできた⑩安値から⑬高値までのCのトレンドです（【図33】）。

【図33】３つのトレンド全体として上昇トレンドになっている

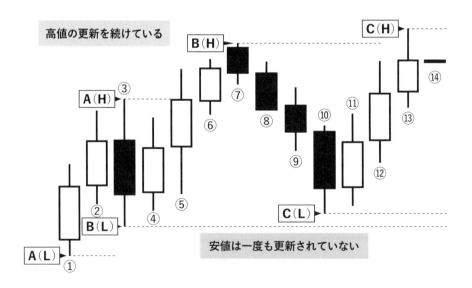

この3つのトレンドを見ると、**高値であるA（H）、B（H）、C（H）は順次更新されていて、安値であるA（L）、B（L）、C（L）は更新せずに順次切り上げています**。つまり、この3つのトレンド自体が全体として、「高値を更新し、安値を更新せず」で上昇しているわけです（136ページ【図33】）。

レンジでつくるローソク足

3つの高値と3つの安値がある、ということは、この3つを3本のローソク足とすることができます。ローソク足は相場の値動きを便宜的に一定時間で区切ったものです。そこで、**今度は一定時間ではなく値動きで区切ってみる**ということです。

まず、最初のAにあたる①から③を1本のローソク足にすると、【図34】のようになります。始値は①から③の最初のローソク足である①の始値、終値は最後のローソク足である③の終値です。

次に、Bの部分を1本のローソク足にすると、次ページの【図35】のようになります。Bの上昇トレンドは⑧が⑦を下抜けた時点で終了しているため、⑦までです。⑧から⑩の値動きもBレンジのなかではありますが、ここでは「**トレンド**」に着目しているため省きます。すると、始値は③の

【図34】トレンドをローソク足にまとめる①

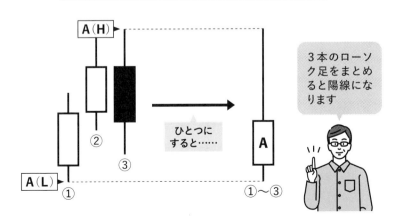

始値、終値は⑦の終値ということになります。

　最後に、Cを同様に1本のローソク足にまとめると、【図36】のように
なります。始値は⑩の始値、終値は⑭がまだ確定していないので⑬の終値

【図35】トレンドをローソク足にまとめる②

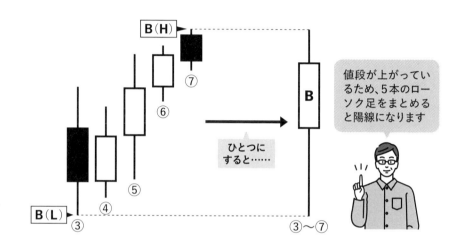

【図36】トレンドをローソク足にまとめる③

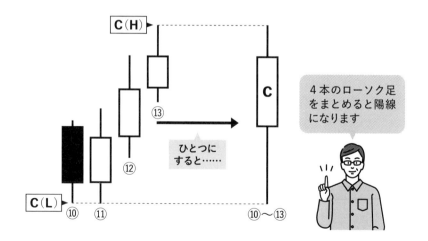

です。こうしてトレンドを高値と安値でローソク足にすると、【図37】のように3本のローソク足が並びます。A、B、Cの3本がそれぞれ「高値を更新し、安値を更新せず」となり、①〜⑬までが全体として上昇トレンドになっているのです。

このように時間軸を切り替えて値動きを分析する技術を持っていると、③や④安値付近や、⑩や⑪安値付近では、大きな上昇トレンドに乗ることを目的とした買いが増えやすいことがわかります。すると、ニュースや誰かの意見で慌てて取引しなくても、「**後出し**」で「**いいとこ取り**」することができるのです。

技術習得には時間が必要

こうした値動きのしくみや分析方法は、ダウ理論なので100年前から使われています。シンプルな値動きの原則に従った考え方です。これを知っていると、どのような金融商品でも値動きを分析でき、今後の値動きの方

【図37】トレンドのローソク足を並べる

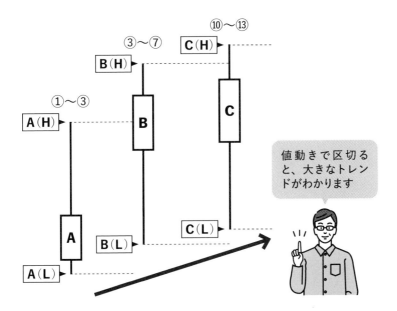

値動きで区切ると、大きなトレンドがわかります

向と、取引すべきタイミングを把握しやすくなります。

　ただし、注意しなくてはならないのは、こうした**取引技術は、今ここで一度読んだぐらいで身につくものではない**ということです。どんな技術でも、反復練習しないと身につきません。自動車教習所では学科だけでなく実技がありますし、本を読んだからといって楽器が演奏できるようにもなりません。みなさんの仕事に関する技術でも同様でしょう。新人に一度説明したからといって、あなたと同じことができるはずがないのです。

　そこで、**何らかの金融商品で値動きを分析する練習をする必要があります**。現実の金融市場は、今回の事例のように単純ではありません。もっと複雑な要因が絡んできます。それが「**時間**」です。116ページの【図16】でトヨタ自動車（7203）の日足と月足を出したり、136ページからの値動き事例の３つのトレンドを３本のローソク足に束ねたりして考えたのは、「**時間**」をどう捉えるかという問題に**アプローチしていく**ためです。

技術を身につけようとする姿勢で臨む

　こうした**値動きの分析技術を身につける**意味で、**最も投資練習に適しているのはFX**です。毎年、10万円を練習代として取引練習すれば、数年であらゆる相場で取引判断できる技術の基本を身につけることができるでしょう。これは一見、遠回りのようにも見えます。しかし、この始めの数年を練習期間にあてようとする人は、最終的に金融市場で利益を得る方法を身につけることができるのです。

　しかし、「今、儲けたい」という人は、何をやっても利益を上げるのは無理です。一発で当てたいという人は、宝くじを買うほうがよいかもしれません。投資は適切に学べば、誰でもある程度の利益を得ることができます。ただし、**技術を身につけようという姿勢が必要**です。それがない人は、何をやっても運次第になるからです。

memo ✎
投資技術の習得には練習が必要。身につけば一生使える

5章

利益につながる 戦略 を知る

投資は出口から考えることが大切です。投資はリスクマネ
ジメントだからです。出口戦略は、利益が出たとき、損失
が出たときの2種類があります。

自由に使えるお金を減らさない

塩漬けは
お金を失うのと同じ

現金化しない限り絵に描いた餅

投資の結果が差益になるか、差損になるかは、投資資金を現金に戻したときに決まります。現金に戻すことを「**決済**」または「決済取引」といいます。決済するまでに示されている利益や損失は、あくまで**評価額**です。

評価益でも評価損でも、決済して利益確定して現金にしない限り、絵に描いた餅です。つまり**決済していないということは、その投資が成功なのか失敗なのか、判明していません。**評価益になっていても、それは一時的かもしれません。

同様に、評価損も「たまたまだろう」と楽観的に考えることもできます。人は自分の判断の誤りや失敗を認めたくないので、評価損の状態でもずっと保有し続けてしまいがちです。結果が出なければ失敗ではないですし、そのうち回復すると信じたいからです。これで「**塩漬け**」が始まるのです。「**塩漬け**」は評価損となり事実上失敗した取引なのに、その現実を認めず、決済しない状態です。3章冒頭の「投資は失敗する」には、こういう隠れた事実上の失敗もあるのです。

差損を覚悟して損切りする

塩漬けする人は「長期的に株価は上昇する」「日本の土地は必ず値上がりする」といった期待もあるでしょう。しかし、失敗を認めないことの問題点は、そこではありません。**自分がお金を必要とするときに、自由に使えるお金が減ってしまうことです。**

投資した物を売って現金化すれば、次の投資や別の目的にそのお金を使えますが、何かの金融商品を保有し続けるということは、現金化できず、

【図1】次の投資機会のために損切りする

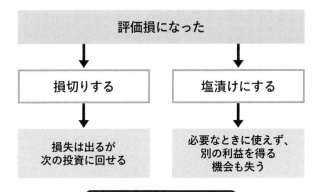

資金も回収できないということです。つまり、**死蔵金**となります。

　お金は必要なときに使えてこそ意味があります。塩漬けだと、必要なお金として使えないですし、別の利益を得られる投資先に資金を回す機会も失います。事実上、投資資金が減るので投資の回数が減り、チャンスを失うので、投資効率も下がります。

損切りで資金を死蔵金にしない

　次の投資機会を優先し、差損を覚悟して決済するのが、**損切り**です。本来、お金を増やすつもりだった投資が、自由に使えない死蔵金を増やして、自分の手足を縛ることになれば本末転倒です。投資では損切りが重要といわれる理由は、ここにあります。だから、こうした評価損の状態が続くことは、事実上の失敗なのです。

memo ✎

塩漬けはお金が自由に使えないうえ、投資効率も下がる

利益と損失の両方を考える

生き残るための投資戦略

予め備えるのが戦略

投資で塩漬けなどの「残念な状況」になる理由の多くは、投資戦略がないか、実行できないからです。

あらゆる投資は差を取ることで利益になります。別のいい方をすれば、**いつ、どの値段で投資を始め、いつ、どの値段で投資を終えるかがすべて**です。投資戦略とはこの**入口と出口**を考えることです。

投資には常に2つの出口があります。2つとは、利益が出ている場合と損失が出ている場合を指します。**特に重要なのは、損失が出ている場合の出口戦略です。こちらは必ず用意しておきます。**利益だけを描くのは、妄想や願望であって戦略ではありません。投資は失敗することがあるので、利益確保だけでなく、失敗したときの損失を最少限に抑え、次の投資に使

【図2】買って値上がり益を狙う場合の出口戦略

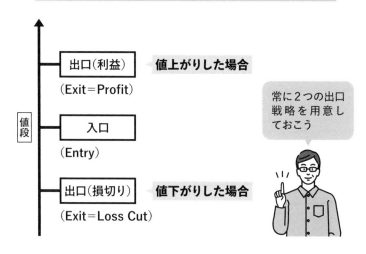

値段

出口（利益）

（Exit＝Profit）

値上がりした場合

入口

（Entry）

出口（損切り）

（Exit＝Loss Cut）

値下がりした場合

常に2つの出口
戦略を用意し
ておこう

う自由な資金を確保する戦略が重要なのです。

出口戦略がベースになる

投資に慣れている人は、日常的に「入口と出口の戦略」を考えています。**まず損失となった場合の出口、そして入口をセットで考えます。**

もし、投資に勧誘されたら、出口戦略を説明してくれるかどうかに注目するよいでしょう。利益を得る話しかしない、あるいは、入口の話ばかりする人は、本当は投資をしていない人か、何かをあなたに売りたい人、もしかしたら詐欺師かもしれません。

最初に考えるべき**出口戦略**は、利益が出ない場合に備えた損切り戦略（前ページ【図2】参照）です。評価損の状態で冷静でいられる人は少ないので、予め準備しておく必要があります。これを欠くと、「**塩漬け**」にしてしまうか、慌てて間違った選択をする可能性が高まります。何度も説明した通り、投資では平穏な心理状態が大切です。

ファンダメンタルズ分析には出口戦略はほぼありません。だから現実の取引では、ファンダメンタルズは「わからない」「難しい」となるのです。

ダウ理論に代表されるような、**現実の値動きだけで相場を判断する場合、自分に不都合な逆方向の動きへの対処も過去の値動きから判断します。**つまり「**この値段を超えたら撤退すべき**」という値段が理論的に決まっています（4章参照）。それは相場の値動きという事実が示すものです。自分の思惑や誰かの意見などが入る余地はありません。シンプルに技術的に判断でき、明確な値段が示されます。

次ページの【図3】は1979年から2021年の日経平均株価で、1年の値動きを1本のローソク足で示す年足チャートです。

仮にバブルの最高値である1989年の3万8957円44銭という最悪のタイミングで買っていた場合、その後30年以上を経過した今も利益は出ません。

【図3】バブル崩壊による「塩漬け」

〈日経平均株価　年足　1979年〜2021年〉

　ということは、出口戦略がない人は30年以上もずっと「塩漬け」で保有し続けているかもしれません。

　その間自由に使えるお金が減るだけでなく、投資した本人がこの世を去っている可能性もあります。これでは投資の意味がありません。また、適切に損切りしていれば、2012年からの大きな上昇相場で、十分な利益を得るチャンスもありました。

決済には判断基準が大切

　投資の出口をどうするか、さまざまな方法が考えられます。感覚的に決める人も、資金配分から決める人もいるでしょう。特に損切りは、自ら投資資金を減らす行動なので、資金管理の面でも重要になってきます。頻繁に損切りすれば資金は減っていきますが、損切りをしないと1回で大きな

損失になるか、塩漬けです。

　ただ、**何の基準もなく損切り決済を決めるのは、かなり難しい判断です。**判断基準が不明確なら失敗の確率が高くなりますし、しかもその経験は将来に活かせません。

　一方、値動きに従うなら、決済する値段もチャートのなかに示されています。これを見つけられるチャート分析の技術が大事です。

　ここで重要なのが、均衡点です。均衡点を超えると、値動きの流れが変わります。ということは、自分の考える方向と逆に動き始める**均衡点**で損切りすれば、そこから大きく損失が拡大していくことを防げます。

　自分が何かの金融商品を買っていて、値段が下がってきたとします。しかし、下の均衡点を割り込まない限り、下方向への動きにはなりません。つまり**均衡点に達していなければ、たとえ評価損になっていても、まだ自分が投資した方向に戻る可能性もある**ことになります。

　こうした値動きのしくみを知っていると、均衡点を判断基準に使うことで無駄な損切りをすることがなくなりますし、逆に均衡点で損切りすることで大きな損失になるまえに決済することもできるわけです。

　これらの詳細は拙著で解説しています。

利益を取り逃さないためにも、出口戦略における判断基準が重要なんですね

---

memo ✎
2つの出口戦略を活用するためには判断基準が必要

リスクをコントロールする

損切りポイントを
先に探す

レンジ下限の下が損切りポイント

　取引戦略を立てる流れをおさらいしましょう。まず、投資を考えてチャートを見たら高値の均衡点と安値の均衡点を探します（131ページ参照）。レンジになっているところを探し、動き出す場所を探すわけです。

　均衡点は、決済ポイント（出口）にもなるため、取引を始めるときに損切りを置く場所にもなります。

　値動きの上昇は、高値となっている均衡点を上抜けることで始まります。**つまり、売り手と買い手が交錯した状態であるレンジの高値を抜けることで需給バランスが崩れ、上昇トレンドが始まります。**逆に、そのときのレンジ下側にある安値となっている均衡点を割り込むと、相場は反転して下げる可能性が出てくる、ということです。

　ということは、**上昇の波に乗って利益を狙うなら、損切り決済はレンジ下限である安値を割ったところで行う**ということになります。ここを下抜けると差損が拡大していくからです。

　そこで、どのように入口と出口２つの戦略を考えるかを、日本航空（JAL）株の動きを例に見ていきましょう。

入口と損切りする出口を考える

　まず、2017年11月20日（月）に、JALの日足チャート（次ページ【図４】参照）を見たところからスタートします。前日（11月17日）までの日足があります。

　ファンダメンタルズ分析をする人は、証券会社の予想や目標株価などさまざまな理由もとに、「エイッ、ヤッ」でエントリーします（86ページの

【図4】11月20日時点のJALのチャート

〈日本航空(9201) 日足 2017年10月〜11月〉

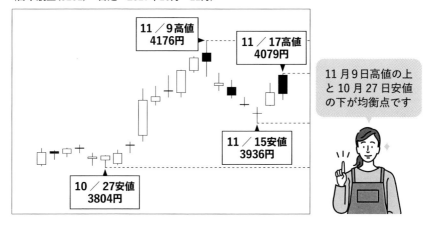

11/9高値
4176円

11/17高値
4079円

11月9日高値の上と10月27日安値の下が均衡点です

11/15安値
3936円

10/27安値
3804円

通りです)。具体的で細かな戦略は立てられません。「買う」という戦略だけです。相場に入る値段も自分で自由に決められますし、タイミングも自分で決めます。だから逆に判断が難しくなります。ここでは、11月20日当日の4000円ぐらいの株価で買うこととしましょう。

一方、チャート分析をする人なら、**まず均衡点となる高値や安値を探すことから戦略構築が始まります。**

それぞれの値段を見ると、11月20日時点では11月15日安値、11月9日高値、10月27日安値の3つが均衡点として考えられそうです。このなかで最も高い値段は11月9日高値なので、ここが上の均衡点となることは明確です。

問題は下の均衡点となる最も安い値段を10月27日とするか、11月15日とするかという点です。ダウ理論では、11月15日は11月9日高値と10月27日安値のレンジ内であることがわかるでしょう。**レンジ内ということは、この11月15日安値で下げ止まる理由はありません。**

以上から「11月9日高値を超えたら買う」という戦略が立てられます。

149

入口が11月9日高値の上なら、損切りの出口はその反対側の均衡点である10月27日安値の下となります。これで入口と出口がセットになった戦略となります。

　ちなみに、11月20日時点で日本の大手証券会社の示したJALの目標値は5000円付近でした。損切り値はありません。これは予想であって何かの事実に基づいたものでもありません。事実に従うなら目標値の出口は考えずに、まずは相場が動く可能性が高まる入口と、損失を小さくするための損切りの出口だけを考えます。

高値を上抜け戦略が発動する

　上昇方向へ動き出すのは11月9日高値を超えることが必要なので、ここを超えないうちは、レンジの下限である10月27日安値との間で方向感なく上下する可能性があります。**この時点では、レンジを超えて上がる可能性もあれば、下げる可能性もあるので、相場の動く方向が見えるまで、**

【図5】12月1日に新高値をつける

〈日本航空（9201）　日足　2017年10月～12月〉

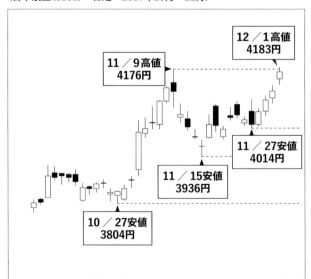

12／1高値
4183円

11／9高値
4176円

11／27安値
4014円

11／15安値
3936円

10／27安値
3804円

12月1日時点で、出口（損切りポイント）が10月27日安値から11月27日安値に切り上がる

手を出しません。

　そして、11月9日4176円の高値を上抜けたのは12月1日でした。ここ
で株価は上昇の可能性が出て、買い戦略が発動します。

　ファンダメンタルズ分析で11月20日に4000円ぐらいで買ったとすれば、
チャートに従うと時間にして約10日、値段では180円ぐらい出遅れていま
す。しかし「後出し」だからそれでよいのです。今回の事例はたまたま上
昇していますが、相場は下げることもあります。もし下げていれば、11
月20日に買った人は損となり、動き出す均衡点を上抜けるまで待ってい
た人は無傷です。

　私は頻繁にリスクを取って人柱になるような取引をするより、「後出し」
で確実性の高い取引をするほうが合理的だと考えています。

　そして、12月1日に高値を上抜けた時点でチャートを見返すと、安値
は10月27日、11月15日、11月27日と安値が切り上げています（前ページ【図
5】）。**均衡点である安値が上がってきているということは、この下側の均
衡点でも買い手が優勢**だということです。ということは、12月1日に相
場に入った（買った）時点で、下の均衡点での買い手の勢力は11月27日
安値まで切り上がってきています。

　このため、最初の11月20日時点では10月27日安値と考えていた出口の
損切り戦略の値段を、11月27日安値まで引き上げることになります。こ
うすることで、**損切りになった場合の損失幅を、現実の値動きに合わせて
小さくできる**わけです。

　このように値動きのしくみを知っていると、日足チャートなら、1日1
回チャートを見るだけで、合理的な損切り、**出口戦略**を考えることができ
ます。

値動きに合わせて損切りを引き上げる

　その後、出口は値動きが上昇して均衡点となる高値と安値が切り替わっ
ていくのに合わせて、切り上げていきます。次ページの【図6】ですが、
12月19日に12月13日高値4335円を上抜け、損切りを12月15日安値4245

【図6】1月12日に利食いで決済

〈日本航空（9201） 日足 2017年10月～2018年1月〉

12/26
4465円

1/9
4504円

12/20高値
4335円

12/13高値
4335円

12/29安値
4390円

11/9高値
4176円

12/15安値
4245円

1/18安値
4240円

11/27安値
4014円

11/15安値
3936円

10/27安値
3804円

12月19日に12月13日高値を超え、損切り値が引き上げられた時点でリスクはゼロになっています

円に引き上げた時点で、もうこの取引で損をする**リスクはゼロ**になりました。**もしここで相場が反転して下落しても、4177円か4178円で買って、4244円か4243円で決済することになるので、利益しか出ません。**

　この損切り引き上げをくり返した取引が最終的に12月29日安値4390円を割ったところで決済され、利益確定で今回の取引は終わります。

　以降、JALは2020年の1556円に向けて下げていきます（次ページ【図

【図7】損切りで損失を抑える

〈日本航空（9201）　月足　2018年1月〜2021年6月〉

2018年1月
4504円

損切りしないと
損失が拡大していく

2020年11月
1556円

月足ですが、2018年1月9日
以降下落を続け、2020年11
月までに損切りできない場合、
3000円近くの損失となります

7】）。しかし、当時の証券会社の目標値はすでに値段が下がり始めている
1月31日時点でも5100円あたりでした。この日の終値が4113円で、チャー
トは下げているにもかかわらず、です。

　ですから、こうしたエコノミストが示す目標値は、投資家に買わせるた
めの期待の数字でしかないのです。**誰かの予想より、値動きという事実に
従うことが最も合理的です。**

　「投資はリスクがある」といわれますが、このように**値動きをもとにした**

理論を知っていると、想定通りに動いていく過程で、リスクをゼロにすることができるわけです。こうなれば、後は利益を増やすのみです。これが投資技術を使った一例です（54ページ【図11】参照）。

　ただし、株取引の注文には**有効期限**があります。この点がFXとの大きな違いです。株の場合は、定期的に値動きや注文状況を確認する必要があります。

memo

適切な均衡点の把握でリスクゼロにシフト可能

適切な戦略で損失を減らす

「投資は必ず失敗する」とお話しました。その損失が10回に１回なのか、10回に５回なのか、10回に７回なのかは投資戦略次第です。戦略が適切なら損を少なくでき、不適切なら投資資金を大きく失う可能性が強まります。

　では、単純に失敗の確率が低ければよいのかというと、そうでもないのが投資の難しいところです。10回に１回しか損をしなくても、その１回の損が大きく、**それまで９回の取引で積み上げた利益を吹っ飛ばすこともある**からです。これはあらゆる投資で共通しています。バブル期に儲かっていた人が、バブル崩壊とともにすべてを失ったり、事業で成功していた人が何かをきっかけに破綻したりすることは、よくあることです。

　そして、2020年のコロナ禍のような予期せぬ出来事も起こるため、何か起こったときに備える出口戦略が必要なのです。

ロードマップを用意する

　出口戦略が難しいのは、すでに投資した入口の値段を変えられないことに起因します。投資の利益は入口と出口の差です。次ページの【図８】のように、Ｅで買ってＦまで値段が下がってしまった場合、値段が戻るのを祈るか、損切りするかしかありません。Ｅで買った事実を変えられないからです。出口戦略と入口戦略は一体なのです。

　どんな投資も「うまくいかないときにどこで投資から撤退するか」をまず考えます。そのうえで、撤退しても損失ができるだけ小さくなるような入口を探さなくてはなりません。

　ビジネスでも学業でも、なんとなくやっている人と、出口を考えて逆算

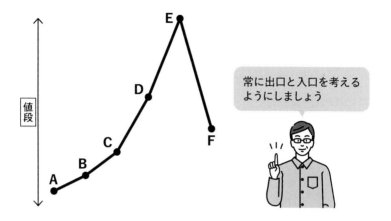

【図8】ロードマップで入口出口を把握する

常に出口と入口を考える
ようにしましょう

する人では、結果に違いが出ます。**ロードマップを用意しているか、行き当たりばったりで運次第なのかで結果が違ってくる**ということです。こうした損失を前提として、投資資金を増やす考え方を「**資金管理**」「**リスク管理**」「**アセット・マネジメント**」などといいます。

資金の3割を失うと、投資継続は難しくなる

　ここで、お金の運用を仕事とする**ヘッジファンド**が、どのように損失と出口戦略を考えているかをご紹介しましょう。

　多くのファンドは運用資金の30％を失うと、運用を停止するようです。
　次ページの【図9】のように**資金が20％減ると元本に戻すだけで25％のリターンが必要になり、30％減ると43％のリターンが必要になる**からです。投資リターン43％はかなり好成績です。それだけうまく運用しても、30％の損失を取り戻しただけで利益はゼロです。
　だから、ファンドはそんな無駄骨を折らずに、さっさと解散してしまいます。そもそも、リターンがプラスではなくマイナスになっているということは、投資がうまくいっていません。そのうまくいかないやり方や状態で43％ものプラスリターンを生むのは、ほぼ不可能です。

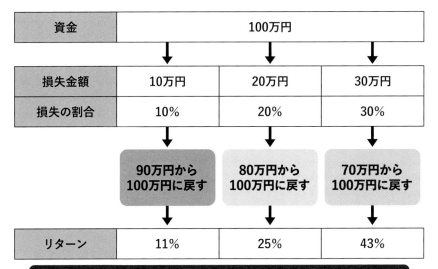

【図9】損失額と取り戻すための利回り

資金	100万円		
損失金額	10万円	20万円	30万円
損失の割合	10%	20%	30%
	90万円から 100万円に戻す	80万円から 100万円に戻す	70万円から 100万円に戻す
リターン	11%	25%	43%

元本が減ると、取り戻すにはより高い利回りが必要になる

　お金のプロがこういう状況ですから、**私たち個人投資家が取り返せそうな損失はせいぜい10％ぐらいまでででしょう**。投資資金がゼロになる前に全資金の30％を失うと、事実上、投資の継続は難しくなるのです。

　これは、賃料や配当などの**インカムゲイン狙い**でも同様です。買った株の価格が30％下げた場合、配当でその30％分を埋めるには、長い時間が必要です。つまり塩漬けすることになります。また、**株価が下げているということは業績も悪化している可能性があり、配当も減ってしまうかもしれません**。インカムゲイン自体が減るリスクがあるのです。

　だから、まず出口戦略から考えることが必要なのです。

 memo

入口を考える前に、その投資で許せる損失を考える

現金化のしやすさ

流動性が
個人投資家を助ける

流動性が高いと現金化しやすい

「流動性」という言葉を聞いたことがあるでしょうか。簡単にいうと、金融商品の換金しやすさです。**どんなときでも簡単に現金にすることができるものは流動性が高く、いろいろな条件がそろわないと現金化できないものは流動性が低い**ことになります。

　流動性が重要なのは、投資で出口が大事であることと関連します。投資で利益が出ても、それをいつでも現金化できなくては意味がありません。**評価益**は絵に描いた餅でしかないのです。現金に戻したときに1回の投資が完結します。だから、いつでも現金化できる、取引が成立する流動性は金融商品を選択するうえで重要な要素なのです。

　私が本格的に投資家になろうとした当初は、不動産投資と株式投資、そしてFXを考えました。たとえば、不動産、株、FXで比較すると、最も流動性が高いのはFXです。なぜなら**FXは24時間取引が可能ですし、市場規模が最も大きく、自分が売りたいときに買い手がいる可能性が最も高い**からです。次は株です。取引時間は限られますが、平日の日中であれば、だいたい売ることができます。ただし、**株のなかでも小型株やベンチャーなどの個別株では流動性は低くなります**。そして、最も流動性が低いのが不動産です。不動産は売ろうと思っても、すぐに売れるものではありません。

下落相場で逃げられるか

　流動性の違いが鮮明だったのが、2008年のリーマンショックでした。毎日のように金融市場全体が大きく変動していました。**相場が急落しているときは保有資産の利益を確保し、損失を小さくするためには決済取引を**

【図10】不動産投資、株、FXの比較

	不動産投資	株	FX
取引時間	不動産仲介業者の営業時間	月曜日〜金曜日 (9時〜11時30分 12時30分〜15時)	24時間
流動性	かなり低い	銘柄にもよるが 特に小型株などは低い	高い

個別性が強く、取引しにくい

知名度が低い小型株などは、取引が成立しない場合もある

市場規模が大きいため、取引が成立しやすい

して金融市場から逃げる必要があります。ショックと呼ばれるときです。

FXのポジション（持ち高）は24時間取引なのですぐに決済できますが、株は翌日の取引開始を待たなければなりません。**金融危機のときにうまく逃げられるかどうか**は、売買益にも資産形成にも大きく影響します。それまで投資で成功していても、リーマンショックで大きなダメージを負った人は大勢います。

どんな投資もいつもうまくいくわけではありません。そのため、重要なのは「間違えた！」と思ったとき、「ヤバい」と感じたときに、すぐに撤退できることです。これができないと傷口はどんどん大きくなります。そして、最悪の場合は破綻することになります。そのためには、いつでも取引できる流動性の高い金融商品のほうが有利なのです。

この流動性は市場規模の違いです。より大きな市場のほうが流動性が高いのです。

---

memo 🖊

流動性が高ければすぐに決済でき、資産を守れる

感情に流されない

頭と尻尾は
相場にくれてやれ

歴史に裏打ちされたヒント

　相場格言は、金融市場の先人の教えを簡潔にまとめたものです。短い文章を噛みしめると、歴史に裏打ちされた投資のヒントが見えてきます。こうした格言が長い時間を経て現代の私たちにまで伝わっているということは、合理的内容だからでしょう。私はこうした**普遍性**や**確実性**を重視しています。ダウ理論を重視するのも同じ理由です。

　その相場格言のひとつに「**頭と尻尾は相場にくれてやれ**」というものがあります。頭とは波の頂点付近、尻尾は波の底付近のことです。

欲張るとリスクが高い

　相場の波を底から頂点まで取ろうとするのは、欲張りで不可能です。欲張るということは、リスクを取り過ぎるということです。**リスクを抑え、利益を伸ばすのが投資なので、無駄なリスクは取るべきではありません。**

　チャートで過去の値動きを見ていると、「ここで取引すればこれだけ儲けられた」と思いがちです。欲が湧きますし、夢が広がりそうですが、ただの皮算用です。そのとき実際に取引していたら、利益は値幅の約半分ほどでしょう。頭と尻尾はなかなか取れないからです。

　おまけに、欲張って頭も尻尾も取ろうとすると、過剰なリスクを取り、逆に損をしやすくなります。欲張ったときにいつも損をするなら、普通は学習して止めるのですが、たまに大当たりして大儲けすることもあります。

　これが人間の脳に快感物質を出し、やめられなくなります。最初から「**頭と尻尾はくれてやれ**」と考えておくだけで、**リスクを下げつつ確率の高い取引ができますし**、それが「いいとこ取り」となります。

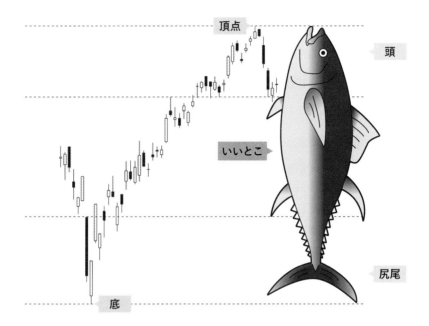

【図11】頭と尻尾は相場にくれてやれ

頂点

頭

5

利益につながる**戦略**を知る

いいとこ

尻尾

底

頂点から底までは取れない

　私のこれまでの株取引、FX取引のイメージでは、波の底付近の25％ぐらいは取れません。なぜなら、その領域はまだ上下どちらに動き出すかわからないからです。一旦底から上がるかもしれないけれど、それは一時的な上昇で再び下げるかもしれない。相場の入口判断で迷う場面です。だから「後出し」します。

　そして波の最後になる頂点付近を取るのも、なかなか難しいものです。このときはすでに利益が乗っています。利益を増やすか確実に取るか、という出口判断です。もっと上がると期待していても、下げてくればどこかで決済しなくてはなりません。再び上がれば評価益を増やすことができますが、逆に下げが強まればせっかくの評価益が減っていきます。ここでも

【図12】事実上、頭と尻尾は取れない

〈日本航空（9201）　日足　2017年10月〜2018年1月〉

| 4504円 |
| 利益が取れない |
| 4389円 |
| 利益が取れる |
| 11／9 4176円 |
| 4177円 |
| 利益が取れない |
| 3936円 |
| 11／15 3936円 |

1／9
4504円

12／29
4390円

心の葛藤が起こります。とはいえ、評価益の出口の戦略なので、損をする可能性はほぼありません。いわば贅沢な悩みです。

【図12】は、152ページで説明したJALの値動きで示した具体例です。こうした場面で「**頭と尻尾はくれてやれ**」の相場格言、そして、**値動きの原則を知っていれば、感情に流されることなく、着実に利益を得る決済をすることができます。**

　値動きの原則で大事なのは、こうした欲と恐怖心で心が葛藤する場面で機械的に取引して自分のメンタルを守ることです。

---

memo

欲張らず、リスクを下げた取引で「いいとこ取り」

上昇波の背景
日銀とGPIFによる
日本株の需要増大

日経平均株価は2008年を底に上昇

　日本の株式市場は、この約10年とても盛況です。日経平均株価は2008年に1989年のバブル高値からの最安値6994円90銭まで下げ続け、経済は失われた10年、あるいは20年といわれていました。しかし、2008年を底に上昇に転じ、2021年2月には3万714.52円まで上昇しています。**2008年からの12年間で2万3700円も上昇したのですから、この10年間は株式投資した人が儲かっているはずです。**これで株はブームになっています。

　年足チャートを見ると、2015年に2007年高値1万8300円39銭を超えたところで明確な上昇トレンドになっています。

【図13】日経平均株価と日本株需要の変化

〈日経平均株価　年足　1980年〜2021年〉

1989年
3万8957円44銭

約3万2000円
下落

2021年2月時点
3万714円52銭

約2万3700円
上昇

2008年
6994円90銭

一方で日経平均株価が1989年のバブル高値 3 万8957円44銭から最安値6994円90銭まで約 3 万2000円も下げ続けたということは、日本株の需要がなかったということです。バブル期などに株を買って塩漬けで死蔵金にした人も多くいたでしょう。株は値上がり益を期待して買うものですから、株価が上がらなければ、それだけ買う人も少なくなります。

2013年に強烈な需要が生まれる

　そうした絶望的な株価状況が変わって、現在のようなブームになったからには、何かがあったはずです。株価が上がる期待を持つ人が増えた、どこかで需要があらわれた、ということです。その需要を喚起したのが**GPIF（年金積立金管理運用独立行政法人）のポートフォリオ変更と日銀のETF（上場投資信託）購入**です。

　ただ、株価は経済政策だけで動くわけではありません。株の買い手が増えた理由はGPIFのポートフォリオ変更です。

　GPIFは私たちの年金を預かり運用する機関で、**日本最大の機関投資家**です。年金運用団体としては世界最大規模で、約155兆円（2019年度末時点）という巨額のお金を運用しています。このGPIFが2013年に、これまで約

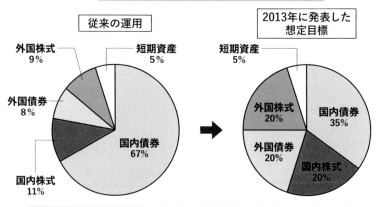

【図14】GPIFのポートフォリオ変更

GPIFのポートフォリオ変更によって株高・円安になった

【図15】GPIFの資産構成（2019年度末）

資産	資産額	構成割合
国内債券	37兆1259億円	23.87%
国内株式	35兆5630億円	22.87%
外国債券	36兆4087億円	23.42%
外国株式	37兆1639億円	23.90%
短期資産	9兆2552億円	5.95%
合計	155兆5168億円	100.00%

出所：年金積立金管理運用独立行政法人

日本株市場は GPIF と日銀による巨額の投資が支えています

11％だった日本株の比率を約20％まで引き上げると発表しました。これは世界の金融界に大きな衝撃を与えました。163ページの【図13】を見ても、2013年に大きな陽線になって値段が上がり、買い手が急増したことがわかります。

GPIFが日本株比率を増やすということは、日本株市場に強烈な需要が生まれるということです。需要が増えれば、当然、日本株は値段が上がります。それが事前にアナウンスされているわけですから、日本株を買えば儲かることは誰でもわかります。そこで、世界中の投資家が日本株を買いました。

また、日本銀行（日銀）も金融緩和措置の一環として、2010年からETF（上場投資信託）を購入しています。2013年からは前年より年1兆円増額し、2014年には年3兆円増額、2016年には年6兆円増額のペースで購入しています。

このGPIFと日銀による株式購入額は2021年に100兆円を超えました。日本株市場は日銀とGPIFというゲタを履いているわけです。もしこれが巻き戻される動きが出れば、とんでもないことになります。

---

memo ✎

日本株の大株主の動向は要注目

経済ショックなどへの対応

想定外が起こるので長期投資は難しい

１年先を予測するのはとても難しい

　人生には想定外のことが起こります。バブル崩壊もそうですし、2020年の新型コロナウイルスによるパンデミックもそのひとつでしょう。あるいは、2008年のリーマンショックや2011年の東日本大震災がそうだった人もいるのではないでしょうか。

　投資の期間が長くなればなるほど、想定外の出来事の影響を受けやすくなります。誰も１年後に何が起こるかはわかりません。経済番組や雑誌の年頭企画で年末の株価や為替予想をしても、ほとんど誰も当たりません。専門家といわれる人が考えても、１年先を予想するのは、かなり難しいの

【図16】想定外の出来事による相場の急変

〈日経平均株価　日足　2020年1月〜4月〉

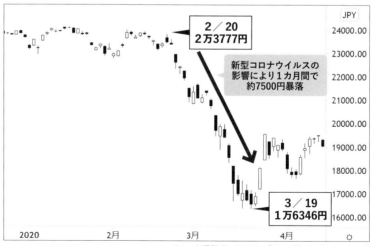

2／20
2万3777円

新型コロナウイルスの
影響により1カ月間で
約7500円暴落

3／19
1万6346円

チャート提供：TradingView(https://jp.tradingview.com)

です。まして、10年後や20年後を予想できる人はいません。

　一方、1カ月後、もっと近くなら明日とかだと予想も当たりやすくなります。これは、**時間が短いほど不確定要素が入る余地が少なくなる**ということです。よって時間が長くなるほど、想定外が起こりやすくなる、リスクが増えるということです。

何重もの策を講じる金融機関

　たとえば、2019年夏の時点で新型コロナウイルスの拡散を予想していた人はいません。2020年の東京オリンピック開催と、それに伴う観光客増加を期待してビジネスを計画した人も多くいたはずです。しかし、残念ながら、オリンピックは延期になりました。

　一方、2020年6月の時点では、オリンピックの延期が決まっていました。この時点でこの年にオリンピック関連のビジネスを考えている人は、ほぼいないでしょう。急遽開催されると考えた人もいないでしょう。直近のほうがリスクは少ないのです。

　今回のことを特例と思う人もいるかもしれませんが、**「時間」という観点で見れば、長期予想は短期予想より難しい**ものです。これは人生でも、経済予測でも、天気予報でも、投資でも同じです。

　長期予想が難しいのは金融機関もよくわかっています。それは住宅ローンに表れています。20年とか30年という長期ローンの場合、さまざまな理由で支払いが困難になる人が必ず現れます。貸し手の金融機関としては困ることです。不動産価格も将来下げる可能性がありますし、契約者が死亡する場合も考えらえます。そのため、貸し手は住宅ローンを組む際には担保価値を低く見ています。また、生命保険に入ってもらううえ、途中で契約を見直す条項がある場合もあります。**金融機関は長期ローンという不確定要素が入りやすい取引について、自分たちが損をしないように何重もの策を講じている**わけです。それだけ長期予想は難しいのです。

リスクヘッジをたしかめる

　「先のことはわからないからそのときに考えよう」とはならないのが投資

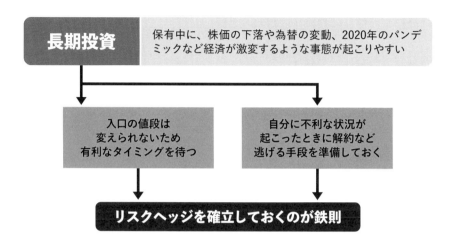

【図17】長期投資は出口戦略を考えておく

長期投資 保有中に、株価の下落や為替の変動、2020年のパンデミックなど経済が激変するような事態が起こりやすい

入口の値段は
変えられないため
有利なタイミングを待つ

自分に不利な状況が
起こったときに解約など
逃げる手段を準備しておく

リスクヘッジを確立しておくのが鉄則

です（155ページ参照）。となると、ロードマップを考え**長期投資をするなら、リスクヘッジを用意するか、できるだけ有利なタイミングを待つ**ことが必要です。入口と出口の問題です。また、**自分に不利な状況が起こったときに、解約などの逃げる手段が準備できている**ことも必要になります。

　金融機関などで長期投資や、長期積立を勧められる場合、こうした**リスクヘッジ**がどうなっているかをたしかめることは大切です。もし、「30年後にはこんなに大きな金額を手にできますよ」という説明だけなら、その金融機関や担当者はあまり信用できません。

　長期投資であるほど何かが起こったときのために、出口戦略を考えておくのが重要になるのです。未来への期待だけで長期投資をするのは、危険を含んでいます。

memo ✎

長期投資は出口を用意して有利なタイミングを待つ

6章

投資 時間 を
味方につける

利益を得るのに欠かせないのが「時間」の捉え方です。投資する時間が短ければ値幅は小さくなり、時間が長くなるほど値幅は大きくなるのです。

値動きと時間の関係

相場分析に必要な「時間」要素

「いつ」エントリーし、「いつ」決済するか

投資戦略で大事なのが、値動きと時間です。

値動きのしくみはこれまでに説明した通りなので、ここからは「**時間**」について説明します。

4章で値動きのしくみを説明した図には、時間要素が含まれていません。

これは、「**値動きは売り手と買い手の力関係で決まる**」という基本的でシンプルなしくみを説明するためです。

しかし、現実の投資では、このしくみに「**時間**」という要素が加わります。時間はあらゆる投資を考えるときの重要なパーツです。「いつ」エントリーするか、「いつ」決済するかなど、時間は金融市場を分析するためにも、また、自分のライフステージに合わせて投資を考えるうえでも重要です。

主観的情報には「いつ」がない

時間要素を忘れてしまうのは、世のなかには時間を無視した情報が氾濫しているからかもしれません。日ごろから時間要素のない情報を見ていると、現実の投資で時間が重要な要素であることを見落としがちなのです。

たとえば、エコノミストのなかには、「日経平均株価は10万円になる」とか、「米ドル円は200円になる」とか、逆に「米ドル円は50円になる」とか、極端な意見を発表する人もいます。センセーショナルですし、印象に残るかもしれません。でも、これらには共通して「**いつ**」がありません。この予想は10年後かもしれないし、100年後かもしれないし、もっと先かもしれないのです。だからこそ、**誰かの主観的予想は「ほんまでっか？」と懐疑的に受け取る必要があります。**

また、時間が大事なのは、このような相場分析だけでなく、私たち投資

家それぞれの投資目的にも関係するからです。**投資収益を、「いつ得たいのか」によって投資戦略や金融商品が違ってきます。**今の収入源のひとつとして投資をするのか、遠い将来の収入源とするのかでは、金融商品の選択から取引方法まで、利益へのアプローチがまったく違います。

時間が長くなるほど値幅も大きくなる

　金融市場では、値動きと時間の関係に「**投資する時間が短ければ値幅も小さく、時間が長くなるほど値幅も大きくなる**」という原則があります。

　投資する時間とは、投資対象に資金を入れて決済するまでの時間です。スキャルピングやデイトレードのように1日以内の短時間の場合もあれば、数十年先を考えた長期投資や資産構築もあるでしょう。こうした投資時間、一定時間の区切りを**時間軸**といいます。

　この原則で注目するのは、時間（時間軸）と値幅の関係です。あくまで値幅であって、利幅ではありません。**時間軸が短ければ利益も損失も小さくなり、時間軸が長くなれば利益が大きくなる可能性が強まる分、損失も大きくなる可能性を同様に含んでいるのです。**

【図1】時間軸と値幅の関係

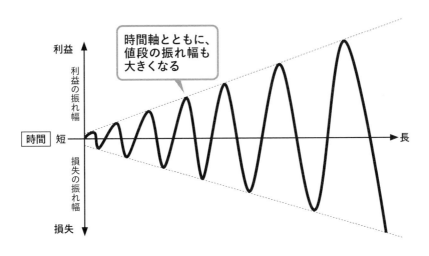

【図2】ローソク足の時間軸と値幅の関係

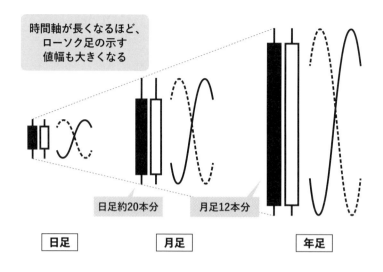

時間軸が長くなるほど、
ローソク足の示す
値幅も大きくなる

日足約20本分

月足12本分

日足　　　　　月足　　　　　年足

　こうした値動きと時間の関係性は、ローソク足の基本からもわかるでしょう。99ページの【図2】では週足のなかに5本の日足があることを説明しています。これと同様に、1本の年足には、12本の月足の動きが含まれており、1本の月足には約20本の日足が含まれています。日足は各金融商品の取引時間によって違いますが、24時間取引されているFXでは24本の1時間足が含まれています。長い時間軸のローソク足1本のなかに、より短い時間軸のローソク足が何本もあります。そして、それぞれのローソク足に4本値があり、その時間が始まって高値や安値をつけて終値を迎える、という動きを繰り返しています。

　この4本値でつくられる1本のローソク足の値動きの波をイメージすると、**時間が長くなれば値幅が大きくなる**ことは理解しやすいのではないでしょうか。

---

memo ✎

投資する時間軸が長いほど、値動きの幅も大きくなる

時間軸でリスクが変わる
大きな波は
時間がかかる

時間軸が長いと底から次の底までの時間も長い

　時間の長さで、値幅や値動きの波の大きさが違うということは、現実の取引では利幅や損失幅が違う、つまり時間軸の選択でリスクが変わるということです。166ページで説明した通り、**時間軸が長くなるほど、不確定要素が影響する可能性が高まり、リスクが増える**わけです。

　時間軸が短く値動きの波が小さいと、波の底や頂点に短時間で到達します。底近くで買おうとしてタイミングを逸してしまった場合でも、短時間で次の波の底がやってきます。だから、取引チャンスは多くあります。

　一方、時間軸が長ければ底や頂点に達するにも時間がかかります。その分、値幅が大きいということです。すると、一度底をついた後、次の底をつけるまでの時間（周期）も長くなります。波の底で買おうと思ってタイ

【図3】時間軸とリスクの大きさ

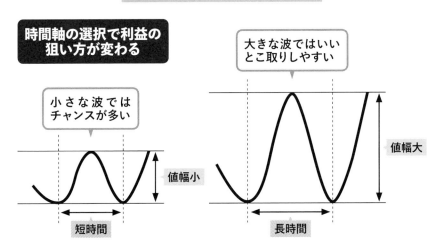

173

ミングを逃した場合、すでに波が上がり始めたところで買うか、再び波が底打ちするのを待つしかないのです。底から**多少値段が上がったところで参入すれば、波の頂点に至るまでの時間も長いため、「差」を取れます。**

　NYダウや日経平均株価が上昇している2021年5月時点で「そろそろ相場は高値圏だろう」と警戒する意見が出てくるのも、こうした大きな波の頂点を意識しているからです。

短い時間軸では小さい波がくり返す

　まず、短い時間軸の例として、FXの米ドル円5分足チャートを見てみます（【図4】参照）。すると、アップダウンの波が3つぐらい見てとれます。

　一方、長い時間軸の例として、日経平均株価を1949年から2021年現在までの超長期の年足で見てみます（次ページ【図5】参照）。1974年の安値3355円13銭から1989年のバブル高値38957円44銭まで、約15年の時間をかけて大きく上昇します。急騰といえる状態です。しかし、バブルは崩

【図4】短時間の値動きを見る

〈米ドル円　5分足　2020年6月13日11時〜18時〉

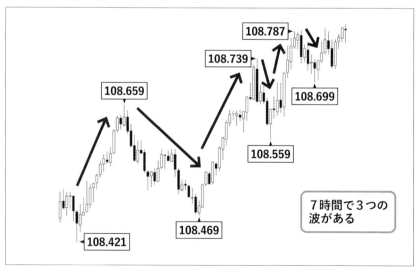

108.787

108.739

108.659

108.699

108.559

108.469

108.421

7時間で3つの波がある

チャート提供：YJFX!（https://www.yjfx.jp/）

【図5】長時間の値動きを見る

〈日経平均株価　年足　1949年〜2021年〉

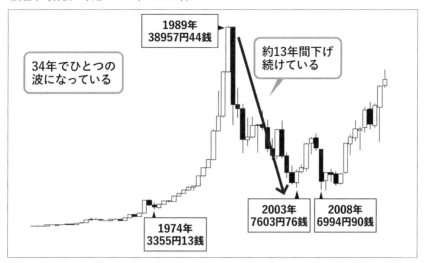

1989年
38957円44銭

約13年間下げ
続けている

34年でひとつの
波になっている

1974年
3355円13銭

2003年
7603円76銭

2008年
6994円90銭

壊し、2003年の7603円76銭まで13年間下げ続けます。その後、2008年の大底6994円90銭までさらに5年を要しました。この年足は約30年でひとつの大きな波になっているわけです。

　FXと日本株で金融商品は違いますが、このように**短時間では小さな値動きの波がくり返していて、長時間では大きな波になる**ことがわかるでしょう。これはほかの金融商品でも同様です。長い時間軸での値段が下り始めると、その下げる期間も長くなることが見て取れます。大きな時間軸を使って大きな値動きの波に乗るということは、値動きが逆回転し始めたときの**逃げる判断**も必要になってきます。

　ここでも、ダウ理論が活きてきます。下落に転じる動きを判別できないと、せっかく投資しても下り坂で利益が減り続けることになるからです。

---

memo

長い時間軸では、上昇波も下落波も大きい

値動きの差で利益を取る

時間軸の長短が相場の強弱にも影響

上昇トレンドでは下げ幅が限定的になる

　時間軸が長いほど値動きの幅も広いということは、**時間軸が長いほど値動きの波が縦にも横にも大きい**ということです。この基本を知っていると、時間軸の違いによる値動きの大きさの「**差**」を利用することができます。

　171ページの【図1】は、時間と値幅の関係を示すため上下に振幅する波を上下同じような振幅の図にしています。しかし現実の値動きには、**トレンド**が影響します。【図6】は上昇トレンドの場合の時間軸の違いによる値幅の振幅を示しています。すると、上昇トレンドで買っている場合、**値動きが上下に振幅することは同じでも、全体の値動きが上昇しているので、下げたときの値動きは大きな損失になりにくく**なっていきます。トレンド相場が利益を得やすいのは、こうした特徴があるからです。

【図6】上昇トレンドでの下げは限定的

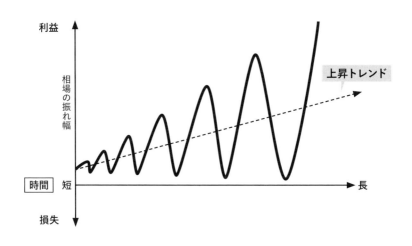

長い時間軸が上昇トレンドであっても、その長い時間軸のなかにある短い時間軸が一時的に下げる場面もあるでしょう。短い時間軸では下落トレンドということです。しかし、結局は長い時間軸と同じ上昇に向かいやすいのです。それは**長い時間軸のほうが強い**からです。

時間軸が長いと市場参加者の層が厚い

　この特徴を、市場参加者で考えてみましょう。時間軸が長いということは、それだけ多くの人が参加して、多くの取引がされている、ということです。年足には、それ以下の時間軸で取引しているすべての取引が反映されています。しかし、5分足にはその5分間以下の取引しか、反映されません。

　ということは、時間軸が長いほど、市場参加者が多く取引金額も大きい、つまり、**層が厚い**のです。その層の厚い値動きが上昇であれば、その市場に参加する多数派が買っている、ということです。買い手が多数派なので、短い時間軸で一時的に下げても、結局は大きな流れをつくっている買い手に飲み込まれるのです。**だから時間軸が長くなるほど、トレンドが強くなります。**

　この時間軸による波の強弱と、時間軸の差を使うことで利益を狙えます。つまり、**長い時間軸がつくる大きな波が上昇トレンドのときは、より短い時間軸で一時的に下げている場合も、その下落の動きは止まりやすくなります**。大きな流れのほうが強いからです。そして、下向きだった短い時間軸は再び大きな流れの方向に戻っていきます。このタイミングで買い参入すれば、その小さな波は再び上昇する可能性が高く、利益を得やすくなります。

2つの時間軸の動きの差を利用する

　次ページの【図7】は、米ドル円の日足で2020年の5月28日から6月12日の動きです。ローソク足チャートと、波が見やすいように終値をラインチャートにしています。5月29日の底から6月5日の頂点に上昇し

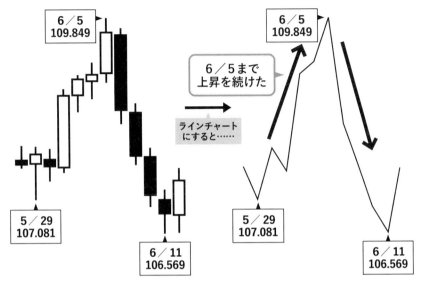

【図7】ローソク足と終値のラインチャート

〈米ドル円　日足　2020年5月28日〜6月12日〉

6／5
109.849

6／5まで
上昇を続けた

ラインチャート
にすると……

5／29
107.081

6／11
106.569

6／5
109.849

5／29
107.081

6／11
106.569

チャート提供：YJFX!(https://www.yjfx.jp/)

て、再び6月11日の底へ向かう動きでひとつの波ができています。

　この日足の波の上昇の動き（5月29日〜6月5日）を1時間足で見ると、次ページの【図8】のようになります。すると、短い時間軸では、いくつもの波があることがわかります。そして、その**1時間足の波は、より長い時間軸である日足が上昇する動きなので、波をくり返しながら上昇しています。**

　値動きはこのように時間軸の長短で描く波が違ってきますが、より長い時間軸のほうが多数派なので、その方向に動きやすくなります。

変化は短い時間軸から起こる

　【図7】の日足だけに注目すると、5月29日、6月5日、6月11日の波の底や頂点が判明するのは、少なくとも次のローソク足が出るか、さらに先のローソク足が出てからです。

【図8】時間軸を短くすると小さな波が現れる

〈米ドル円　1時間足　2020年5月28日〜6月12日〉

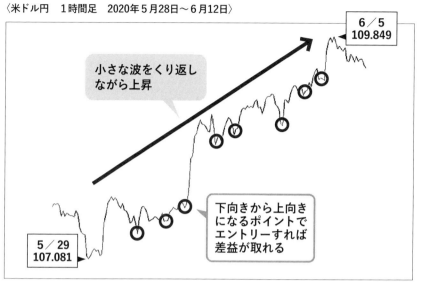

チャート提供：YJFX!（https://www.yjfx.jp/）

　ということは、これが日足ではなく、もっと時間軸の長い**年足の場合、1年か2年は変化を見つけられません。**この変化を見つけにくい点が長い時間軸を使う場合の弱点で、長期投資ではこの点に留意する必要があります。長い時間軸の大きな波もいずれ頂点をつけて流れが変わります。このとき、この方向の変化は、必ず、より短い時間軸から起こります。これは**大きな流れを形成していた多数派が、少しずつ逆方向に動き始める**からです。この方向転換のときに、買い手と売り手が交錯して方向が定まらなくなります。レンジです。よって、一気に変化することは稀です。

　こうした変化もいくつかの時間軸で値動きを分析することで見つけられるのです。

memo ✍

時間軸が長いほどトレンドが強く、値動きに影響する

値幅と時間は比例関係
時間軸で違う
取引スタイル

短い時間軸で取引すると場数を踏める

　ここまで説明した時間軸の違いは、1回の投資での時間軸です。投資対象に資金を入れてから決済するまでの保有時間の違いともいえます。しかし、短期投資だろうと長期投資だろうと、**投資は長期間くり返し続けることで、利益が積み上がっていく**点は、まったく同じです。

　億トレーダーといわれる人のなかには、1分足や5分足の短い時間軸で小さな値幅の取引を、1年、5年、10年と続けて資金を大きくしている人も多くいます。こうした小さな利幅の取引のくり返しを長期間続けることで利益を積み上げて、徐々に大きな資金で取引するのが投資の王道です。

　短い時間軸の投資は1回あたりの投資時間が短いということであり、長い時間軸を使うということは、1回の投資時間が長いということです。だから、同じ一定期間で考えた場合、短い時間軸では値動きの波が多くあり、その分取引回数が増えます。そのなかで、失敗もしつつも、利益を積み上げていきます（【図9】参照）。

長い時間軸は1回の投資期間が長い

　一方、長い時間軸では値動きの波は大きくなり、同じ期間なら取引回数が少なくなります。このため、よりよいタイミングで取引しないと、大きな利幅は得られません。当然、**短い時間軸で取引するほうが取引の場数を踏めるので経験値が増え、成功の確率が上がります。**ここが比較的短期で取引する株やFXなどと、比較的長期保有や積立で投資する投資信託や不動産などとの大きな違いです。

時間軸と値動きの二律背反する特性

【図9】では、同じ一定期間での時間軸と値幅の関係を波で示しています。見方を変えれば、次ページの【図10】のように時間軸と値幅は比例関係になっています。これはリスクとリターンの関係と同じです。投資でのリスクは損失ではなく、損失となる可能性、つまり不確定要素ということです。すると、**時間軸を短くすると不確定要素が少なく値幅が小さくなり、リスクも利益も小さくなります。**

一方、**時間軸を長く取ると値幅が大きくなり、リスクも大きい代わりにリターンも大きくなる**ことが期待できます。ここでも二律背反が作用しているわけです。よって、時間軸が短ければリスクが低く、長ければリスクが大きいという特徴は、私たち個人投資家だけでなく、プロであろうと、ファンドマネージャーだろうと、投資をする人すべてに共通します。

時間軸が短く値段変動リスクが低いということは、後は取引量などで、負う損失額を計算するだけですみます。自分でリスク・コントロールがしやすい、ということです。「自分の資金に応じてどの程度のリスクを取るか」

【図9】時間軸と値動きによるリスクとリターン

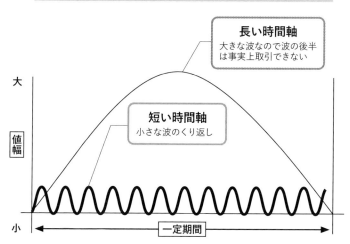

長い時間軸
大きな波なので波の後半は事実上取引できない

短い時間軸
小さな波のくり返し

大

値幅

小

一定期間

【図10】リスクと時間軸は比例している

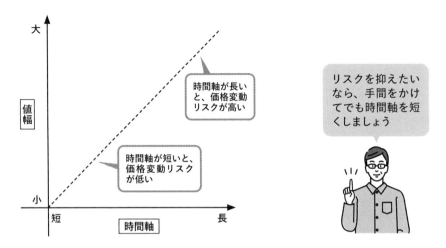

「リスクを最小にしつつ利益を最大化するにはどうするか」という**投資の最も重要な部分をコントロールするためには、時間軸をできるだけ下げるほうが望ましい**ということです。その代わり、利益が小さかったり、取引回数が増えたり、頻繁に値動きを確認するといった手間がかかりますし、技術を必要とします。

　一方、時間軸が長くなるほど変動幅は大きくなりますが、上昇や下落方向への動きが継続する可能性も高くなります。このため、**よいタイミングで取引すれば評価益が増えていきやすくなります**。タイミングを測ることでレバレッジや取引量、取引回数などといったほかのリスク要因を抑えても利益を得られやすくなります。

　この**時間軸と値動きの二律背反する特性をどのように調和させるか**が、**投資戦略の要**です。

---

memo ✎

時間軸が短いほどリスクを抑えられるが、手間が増える

取引チャンスが多い
短い時間軸の基本的な動き

時間軸が短いほど取引チャンスが多い

　短い時間軸の値動きの波の取引を図で見てみましょう。値動きの波で「いいとこ取り」するには、【図11】のＡで買うのが望ましいことになります。Ａで買ってＢで決済すれば、値上がりした分の差益を取ることができます。上昇の波の「いいとこ取り」です。

【図11】短い時間軸で「いいとこ取り」する

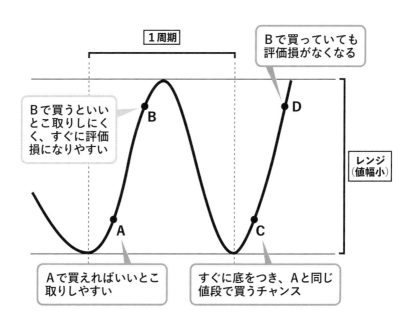

1周期

Ｂで買っていても評価損がなくなる

Ｂで買うといいとこ取りしにくく、すぐに評価損になりやすい

Ｄ

Ｂ

レンジ（値幅小）

Ａ

Ｃ

Ａで買えればいいとこ取りしやすい

すぐに底をつき、Ａと同じ値段で買うチャンス

短い時間軸では利幅は小さいが取引チャンスが多い

ただ、時間軸が短いと値幅が小さいので、Aのタイミングを少し逃すと、すぐにBへ値段が上昇していきます。そこで、出遅れてBで買った場合はすぐに波の頂点に到達してしまいます。波が小さいと出遅れてBで買って頂点付近で売る場合、値段差が小さく「いいとこ取り」は難しくなっていきます。そのうえ、決済タイミングが遅くなれば、頂点を過ぎた波は下げ始め、Bの買値を割ると評価損になってきます。つまり、利益を取りにくいわけです。

　それでも、**時間軸が短いと、一度下げてから次の波が再び上昇するのにも時間がかかりません。波が小さいので、短時間で底を打ちます。**すると、次の上昇が始まりAとほぼ同じ値段Cで買うチャンスが訪れます。

　さらにBと同値のDまで上昇すれば、Bで買っていても買値に戻るので評価損がなくなりますし、AやCで買っていれば評価益になります。時間軸が短ければ値動きの波も小さく、利幅が小さくても取引チャンスが頻繁に訪れるということです。

短い時間軸でトレンドがある場合の動き

　ここまでは単純に、波の動きのしくみだけを考えましたが、現実の取引では、**トレンドがあるかどうかも、意識する必要があります。**

　ダウ理論の上昇トレンドの定義は、「高値を更新し、安値を更新せず」でした。【図11】での高値は波の頂点で、安値は波の底です。すると、上昇トレンドのある波は次ページの【図12】の破線のように、右肩上がりに少し傾いた形になり高値を更新し、安値を更新せず、となります。

　ここで、【図11】のBのように出遅れて【図12】のFで買った場合を考えてみましょう。その後の下落でつけた底が、Eの前の底（安値）より値段が高く、安値を更新しなければ、次はFの後に来た頂点（高値）を更新する可能性が出てきます。

　つまり、**新しい高値ができると、上昇トレンドにより小さな波自体が切り上げて上昇していきます。**すると、出遅れたFで買っていても上昇トレ

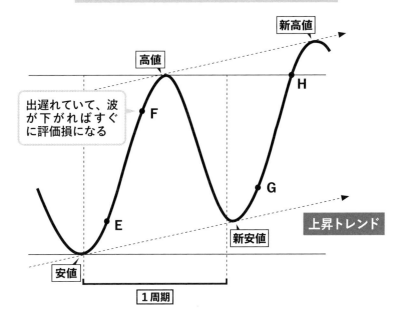

【図12】短い時間軸の上昇トレンドに乗る

新高値

高値

出遅れていて、波が下がればすぐに評価損になる

F

H

E

G

上昇トレンド

新安値

安値

1周期

ンドで相場全体が上昇します。そのため、上昇トレンドになっていれば、Eで買うのが望ましいものの、出遅れてFで買っても値段は上がっていくので利益を取ることができます。**トレンドがあれば、取引タイミングのミスもトレンドがカバーしてくれるのです。**

　また、ダウ理論に従い、前の高値を超えたHで買うことも有効です。

memo

トレンドに乗っていれば、出遅れても利益を得やすい

6

投資時間を味方につける

185

大きな利幅が期待できる
長い時間軸の基本的な動き

波が大きくなる取引タイミングが大事

　時間軸が長くなると、上昇や下落の動きが続きやすく、大きな利幅が期待できます。しかし、取引タイミングによっては逆に大きな損失になる可能性も増えます。ですから、「**取引タイミング**」が重要になってきます。

　長い時間軸になっても、値動きの波の構造は同じです。違うのは、波がつくる値幅と、頂点から頂点または底から底までの１周期の時間です。**時間軸が長くなればなるほど、ひとつの波の期間が大きくなり、波の底が訪れる機会も減り、リカバリーするチャンスも減ることになります。**

　次ページの【図13】を見てください。長い時間軸では波が大きくなります。波の底に近いａで買えれば、時間軸が長い分ｂまでの「いいとこ取り」する値幅も増えます。また、もしエントリーが遅くなりｂで買っても時間軸が長い分、ｂから頂点付近までの値幅も、短い時間軸よりは広くなります。よって、**出遅れてｂで買っても、波の頂点付近までのある程度の値幅を取ることができる**でしょう。ここが短い時間軸より有利な点です。

　ただ長い時間軸の場合、多くの人がａを過ぎてから相場を見ることになりやすいです。波の底打ちから反転して上昇を始めるａを認識するには、ａの手前の底に向けて下げているころから、値動きをチェックしている必要があります。しかし、株やFXなど投資ブームで参入する人は、ブームが話題になってから金融市場に入ってきます。このブームを人々が体感している時点で、すでにａは通過してしまっている場合があるでしょう。もしかしたら、ｂにかなり近づいているかもしれません。

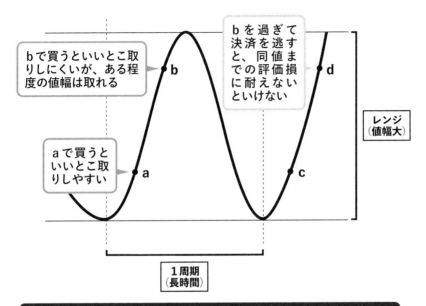

【図13】長い時間軸で「いいとこ取り」する

bで買うといいとこ取りしにくいが、ある程度の値幅は取れる

bを過ぎて決済を逃すと、同値までの評価損に耐えないといけない

aで買うといいとこ取りしやすい

レンジ（値幅大）

1周期（長時間）

長い時間軸では利幅が大きい分、時間がかかる

【図13】のbで買った場合、頂点付近を見極めて決済しないと、その後の長い下落期間を評価損とともに耐えなくてはなりません。

時間軸が長くなり、値幅が大きくなる分、買値を割り込んだ場合の評価損となる値幅も時間も、短い時間軸よりずっと大きくなります。そのため、長い時間軸の大きな波で上昇の動きがある程度続いた後のbのようなタイミングで買った場合、頂点付近で決済しないと、長い下落の周期に入る危険性があります。頂点の見極めが大事です。

波が下落周期に入ると、その後長い時間をかけて下落して底を打ち、再び上昇してcを経てbと同じ値のdに戻ってくるまでの1周期分を、評価損を抱えた状態で待たなくてはなりません。この状態が**塩漬け**であり、**死蔵金**になる場面です。

下落周期中にお金が必要になると損失になる可能性

「投資は余剰資金で」といわれますが、余剰資金で投資していても、その後お金が必要になることはあり得ることです。下落周期に耐えているときに投資資金の現金化が必要になり決済すれば、その投資は損失になってしまいます。たとえば、今回のパンデミックのような事態で現金が必要になった場合、評価損だと、コツコツと長期間投資してきたにもかかわらず最終的には損をすることになってしまうわけです。

　長い時間軸では、不確定要素が大きくなるので、こうした相場と自分自身の想定外もあり得るわけです。こうした**想定外に備え損失を避けるためには、時間軸が長いほど、波の頂点と底を見極める技術が大事**になってきます。長い時間軸だから放置しておいてよいわけではないのです。

長い時間軸でトレンドがある場合の動き

　長い時間軸でも、トレンドがあると値動きは少し違ってきます。次ページの【図14】のように、もし出遅れて f で買っても、上昇トレンドであれば次の波の頂点は前の頂点を超えていく可能性が高いです。よって、上昇トレンドであれば、f で買っても、その後の下落と上昇の1周期を耐えていると、さらに上昇していくことが考えられます。この点は短い時間軸のトレンドと同じです。

　ただ、長い時間軸の場合、一度波の底まで下げて、そこから再び値段が上がってくる1周期が長くなります。
　ということは、**キャピタルゲインを狙う投資なら、あまり長期の時間軸で戦略を考えるのは、下落期間の資金効率から考えて適切ではない**ということです。またインカムゲインを狙う投資でも、何らかの理由で現金必要となる場合を考えると、**単に放置するのではなく、手間をかけてメンテナンスしたり、リスクに備える技術を知っておくことが重要**になります。

【図14】長い時間軸の上昇トレンドに乗る

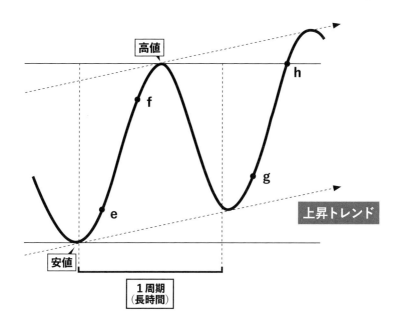

このように、時間軸を長く取る場合、値動きが下げてから買値まで戻るまでの1周期は自分のお金であっても事実上は投資資金に手を出せなくなります。どれくらいの期間なら死蔵していても支障がないか、自分の財産や収入などとともに全体で考える必要があるわけです。

memo ✎

長い時間軸では、評価損の期間も長くなる

長い時間軸が方向性を示す

時間軸によって変わる 波の周期を捉える

波の周期から天井を考える

　これまでは短い時間軸、長い時間軸と抽象的に対比しました。そのため、具体的な時間を示していません。これは人によって時間に対するイメージが違うからです。日足を長いと感じる人もいれば、短いと感じる人もいます。**人の内面や感覚は投資に大きく影響するのです。** この点があるので、投資本の多くはあらかじめ時間軸を決めてしまっている場合が多くあります。著者のやり方を時間軸も含めて説明するほうが簡単ですし、伝えやすいからです。でもそうなると「しくみ」の説明ではなく、「その人のテクニック」になってしまいがちです。

　そこで今回の書籍では、誰にでも使える共通のしくみを伝えるために、あえて抽象的にしています。

　波の周期は金融商品やその商品の**ボラティリティ**（変動率）でも違うので一概にはいえませんが、大まかな目安としては、週足では半年から１年ぐらいが１周期、月足なら２年から５年ぐらいでしょうか。年足はもっと長くなります。

　すると、**週足で約１年周期の波の場合、値動きの底（安値）から頂点（高値）まで約半年ぐらい**となります。そのため、週足チャートが底を打ってから数カ月が上昇している場合、まもなく天井を迎える可能性が強まってきます。上値が伸びる余地が小さくなるとともに、このタイミングで買おうとすると、天井の近くで買いかねないわけです。出遅れているわけです。

　2012年以降の日本の株価上昇や2009年を底に上昇しているNYダウの動きを見れば、それ以降に株式投資を始めた人はみんな、波の上昇過程だけ

を見てきたことになります。ということは、最近取引を始めた人は天井付近で取引に参加しているかもしれません。とはいえ、頂点は見えていません。頂点や底はのちに振り返って、下げ始めてからようやくわかるものだからです。

長期・中期・短期で見る時間軸の関係性

　短期、中期、長期という複数の時間軸の値動きをひとつにまとめると、【図15】のようになります。具体的な時間でたとえるなら、5分足、1時間足、日足とか、1時間足、日足、週足のようなものです。長期が上昇していても、そのなかでは中期が波をつくり、中期のなかでは、短期が多くの波をつくっています。

　ということは、**3本のなかで一番長い時間軸（長期）が上昇トレンドならば、それより短い時間軸も上昇しやすくなっています。**すると、取引は買うことだけを考え、後はタイミングを計るだけです。こうすることで、上下の方向性で迷うことはなくなり、取引タイミングを精査することに集

【図15】複数の時間軸の値動きをまとめる

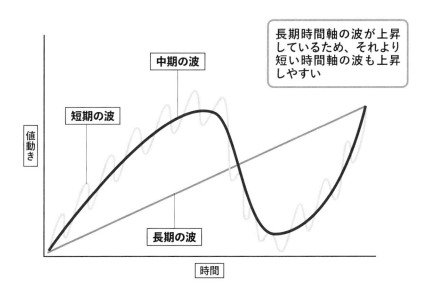

長期時間軸の波が上昇しているため、それより短い時間軸の波も上昇しやすい

中期の波

短期の波

値動き

長期の波

時間

中できます。また、もし短期が一時的に下げていて、取引タイミングがよくなかったとしても、中期と長期の流れが上昇なら、結局は上昇していく可能性が高いので利益を取りやすくなります。

下落周期では損失をどう抑えるかを考える

　値動きの波は、上昇する周期と下落する周期の組み合わせです。上昇の動きでは金融商品を買ってより高い値段で売れば、差益が得られます。

　問題は**下落周期**です。値段が下がる動きのなかでもデリバティブ取引なら差益を狙えます。

　しかし、株式現物、不動産など現物資産への投資ではそれができません。となると、波の頂点をつけた後は、決済してキャピタルゲインを取るか、そのまま保有してインカムゲインを取るかを判断することになります。**決済すれば、利益を確保できますが、インカムゲインも失います。**

　もし、**保有したままならインカムゲインは入りますが、値段が下がり続けると投資元本を割れることもある**でしょう。時間軸が長ければ、下落周期も長いので、この下落周期のときにお金が必要になって売却すれば、損失を被ることもあります。

　投資では下落周期でどう対応するかが、トータルの収益に大きく影響します。投資はリターンばかりに注目が集まりがちですが、トータルで利益にするには損を少なくすることが不可欠です。「下落周期に入ったことをどうやって判断するか」「市場参加者の多数派が売り始め、値段が下がる場面でどのように損失を抑えるか」が重要なのです。

---

memo ✐
複数の時間軸を見て、波の周期のどこにいるか判断する

もとの雪玉を大きくする
値幅が狭ければ数量で稼ぐ

取引数量と取引回数を増やす

　株でもFXでも、億トレーダーといわれる人には、意外にも**デイトレード**や**スキャルピング**などの短い時間軸での取引を好む人が多くいます。時間軸が短く、値幅が小さいにもかかわらず、彼らは結果として大きな利益を上げているわけです。

　1回の投資のキャピタルゲインは、**利幅**と**取引数量**、そして**取引回数**の掛け算です。これは投資収益を増やすためには重要な要素です。**値幅が小さくても1回あたりの取引数量が多ければ、利益は大きくなります。**ただし、同様に損失も大きくなります。投資は雪玉転がしなので、もとの雪玉が大きければ、早く大きな雪玉をつくれるのです。

　これに取引回数も加わります。時間軸が短いと波が小さいので、取引タイミングも頻繁に訪れます。これで取引回数も増やすことができます。

【図16】投資は雪玉転がしと同じ

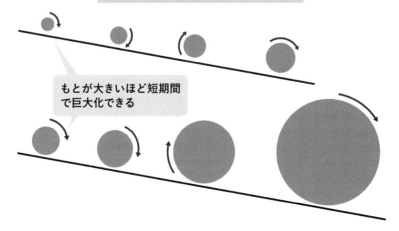

もとが大きいほど短期間
で巨大化できる

「キャピタルゲイン」＝「利幅」×「取引数量」×「取引回数」ということです。デイトレやスキャルピングでは１分足や、５分足での取引がほとんどなので、１日に何十回と取引することもあります。つまり、短い時間軸の特徴を使い、数量と回数を増やすことで小さな利幅でも大きな利益を稼ぐことができるのです。

少額で短い時間軸の取引をくり返す

しかし、このような取引は簡単ではありません（183ページ参照）。取引数量が大きいと損失も大きくなります。波を大きくすることと似ていますが、違うのは大きな波より１周期の時間が短いことです。そのため、瞬間的な判断が求められます。

躊躇なく取引を始め、躊躇なく決済し、また時には躊躇なく損切りしなくてはなりません。このように強い**意志**と、確立された**取引技術**と、適切な**資金管理**が必要になります。また、トレンドがあることが不可欠です。

大変そうですが、こうした３点はある程度時間をかけながら練習することができるものです。**できるだけ少額資金で練習をくり返すことで、取引技術や、意思、資金管理法を学べる**のです。もちろん、その過程では損をすることもありますが、練習段階なので、できるだけ少額で取引していれば致命的な損失にはなりません。

なお、こうした取引をするのは、現物ではなく、**デリバティブ取引**のほうが適しています。資金効率が高いからです。ただし、取引判断が遅くなったり、資金管理がうまくできていなかったりすると、FXなら自分の意思に関わらず強制決済されますし、株式信用なら追証という不足分の追加資金が請求されることがあります。

memo ✎

取引数量と取引回数を増やせば、利益を大きくできる

すべて取引には利害関係がある

金融機関がすすめる 長期分散積立投資

短期投資と長期投資は性格が違う

　短期投資はすぐに結果が出ます。デイトレならその日のうちに儲かったか損をしたかがハッキリします。そこまでの短期でなくても、一般的な短期投資なら、1週間から1カ月もあれば結果が出てきます。結果によってはラッキーな人もいれば、厳しい現実を突きつけられる人もいます。ものすごくシビアな世界です。**実際にお金が動くので、その結果は投資を推奨した証券会社や金融機関への評価に直結します。証券会社や金融機関からすれば、すぐには評価してほしくないでしょう。**

　一方、長期投資はすぐに結果が出ません。ということは、仮に数日から1カ月程度の成績が悪くても、「長期投資だから、じっくり先を見よう」と考えることになります。

　証券会社や金融機関からすれば、顧客が短期投資でうまくいかずに資金を失えば、しばらく再投資はしてくれないと考えます。これでは手数料収入を得られません。しかし、長期積立であれば定期的に資金を入れてくれますし、手数料ももらえます。一気に資金を入れてくれなくても、長期にわたりずっと手数料を払ってくれるお客さんはありがたい存在です。

すべての取引には利害関係がある

　長期投資をビジネスに置き換えてみましょう。セールスの仕事をしている人が上司に進捗を問われたとき、「今は種まきですから、じっくり先を見てください」といって通用するでしょうか。それで何年も成績を問わない上司はいません。同様に、投資でもこれは許されないのです。

　また、**長期投資には成功事例があまりありません。**過去のデータから、

【図17】売り手にとっての短期投資と長期分散積立投資

短期投資

すぐに結果が出る

↓

うまくいかないと
もう投資してくれない

↓

業者がすすめにくい

長期分散積立投資

結果が見えにくい

分散投資でいい訳しやすい

積立で定期的に手数料を
得られる

↓

業者がすすめやすい

たとえば「1990年に買っていればこうなった」というシミュレーションの紹介事例はいくつもあります。しかし、これだけネットやSNSが広がっている世の中で、個々人の成功事例があまりありません。長期投資ですから現実を知る意味では、少なくとも2000年以前からやっている人の実際の収益を見たいものですが、あまりありません。また、ネットや書籍で長期や積立を検索しても、ここ数年のものがほとんどです。

「長期・分散・積立」などで検索すると、「こうしたほうがいいよ」という推奨はあっても、自分はこうなったという実績を紹介するものがあまりないのです。**株やFXの短期取引で儲かったという人も多く、なかには取引を生中継する人もいるのに、「プロがすすめる投資」の成功事例が少ない、または最近のものしかない**のが気になります。

　すべての取引には利害関係がある、という視点を持ち、客観的に考えることが大事なのは、こうした点にも表れています。

memo 🖉

長期投資だからといって、結果の先送りは許されない

分散の考え方
短期投資と長期投資の本質は同じ

時間軸を下げると波の数が増える

　キャピタルゲイン狙いでは、短期投資も長期投資もやっていることは基本的に同じです。たとえば、ある金融商品の値段が40年をかけて上昇しているとしましょう。最も長い波は、この40年を上昇の周期としています。上昇が40年ですから、下落も40年あると考えると80年周期の波ということになります。

　この80年周期の波のなかには、これより少し短い10年周期の波が8つあります。ということは、80年周期の上昇の波40年のなかには、10年周期の波が4つあるということです。さらにこの10年周期の波で上昇周期が半分だとすると、5年上昇する動きと5年下落する動きを4回くり返しています。すると、40年の間にこの時間軸で取引している人は、5年上昇する動きで4回取引するということです。

　そして、10年周期の波のなかには1年周期の波が10個あることになります。このなかでも、半年の上昇の波で10回取引するわけです。

　このように、**長い時間軸では1回の波での取引だったものが、時間軸を下げると同じ場面で取引していても波の数が増え、また値幅は小さくなります**。

　結局、投資はひとつしかない市場の値動きを、便宜的に時間軸で区切っているに過ぎません。だから、時間軸が長くても短くても値動きそのものは変わらず、「**どの部分を区切って取引して利益を取るか**」というだけのことです。

長期投資は貯蓄の性格が強い

　取引回数が増えるのが面倒という人は、長期投資をすることになりま

【図18】時間軸が違うと収益の性格も違う

	短い時間軸	長い時間軸
現在の 収入を補う	○	✕
将来の 資産形成	○	○

区切る時間が違う
だけで、取引の本
質は同じ

す。ただ、最初にドカンと資金をいれるには、投資用の大きな資金が必要になります。これはなかなか大変です。またリスクも大きくなります。そこで資金面とリスク面から定期的に少しずつ資金を入れる方法が考えられます。これが**積立**です。積立なら入金を分散していることにもなり、一気に入れるよりリスクを下げることができます。

　より短い時間軸の取引と、長期で積立する場合の違いはここです。**短い時間軸では少ない資金でも取引をくり返して利益を増やすことと、場数を踏むことで取引技術を習得することができます。**投資技術を身につければ、パンデミックが起ころうと、会社を解雇されようと、海外へ行こうと、どこでも自分１人の力で金融市場から利益を得られます。金銭的利益と共にこうした**技術習得**も目的のひとつです。

　一方、長期積立には、投資技術は関係ありません。できるだけ手間をかけず将来受け取るお金を増やしたいという一点です。将来の資産形成や収益を目標にしているので、少ない資金を定期的に投入することで、トータルの資金を大きくしていきます。つまり、投資というより**貯蓄**の性格が強いわけです。

短期投資と長期投資で相互にリスク分散

　短期投資は目先の利益を追い、長期投資は将来の利益に向けて資産を蓄

える、と考える部分もありますが、もっと多様な見方があります。

　長期投資は貯蓄性が強い投資ですが、投資ですからリスクはあります。元本は保証されません。株でも債券でも価格が暴落すれば元本を割るリスクがあるわけです。そこでリスクを「**分散**」することになります。「分散」すれば、すべてが同時に下げることはないと考えて暴落時に備えているわけです。

　多くの場合、株、債券、不動産など、投資対象で分散しています。しかし「分散」の方法は単純にジャンルを分けるだけではありません。地域の分散、時間の分散、という考え方もあります。

　地域の分散は、日本株や、欧州株、米国株、さらに最近は世界株式という分け方です。ただ、こうした分散では、世界株式といいつつ半数近くが米国株だったり、日本株が多かったりということもあります。中身を見る必要があります。

　また、**時間の分散**は、短期取引を組み入れることで時間的な分散ができます。**短期取引をして目先の利益を確保しつつ、長期取引でコツコツと投資を積み上げていく**という手法です。これでリスクを分散できます。私はこれをやっています。株や不動産といった現物資産は値動きの波が大きいので、数年から十数年で値動きが底に近づいたところでだけ買い増しします。一方、**デリバティブの差額で利益を取るFXは、１日に最低でも１回はチャートチェックして値動きをたしかめます**。こうすることで、世界最大の金融市場であるFXを通じて世界の株式、債券などの金融市場の動きに触れつつ、株や不動産などの大きな波が上がっているのか下げているのかを見ています。

　長期投資をするか、短期投資をするかは、個々人の投資目標に大きく関わっています。だから、投資を考えるときには、まず自分の目標や人生プランが大事になってくるのです。

---

memo ✎

短期投資と長期投資を組み合わせて、リスクを分散

長期投資は儲かるのか
NYダウの
120年の値動き

データをどこで切り取るか

　長期投資を好む人は、たとえばNYダウなら、「直近の20年とか40年は右肩上がりだから大丈夫」と考えます。しかし、**こうしたデータは、過去のデータのどこを切り取るかだけの問題です**。売り手は投資信託などの金融商品を売る側に都合よく、しかも買い手が納得しそうな部分でデータを切り取ります。

　金融市場は常に波なので、40年が上昇周期なら、ここから40年下落周期になる可能性があるわけです。現在の上昇周期がいつ頂点をつけるかは、誰にもわかりません。明日かもしれないし、1年後、10年後かもしれません。そう考えると、**盲目的に何かに資金を入れ続けるのは、高いリスクを背負う**ことになります。

　リスクのない投資は、ありません。**リスクがないように見えたなら、それはどこかに隠れているということです**。リーマンショックのサブプライムローンもそうでした。

120年のうち回復期間は66年

　実例として、米国のmarketwatch.comが2018年2月3日に配信した記事「The Dow's tumultuous history, in one chart」があります。この記事では米国でNYダウの算出が始まった1896年から2016年までの120年間の動きを紹介しています（次ページ【図19】参照）。

　これを見ると、NYダウにも120年の間に、いくつかの大きな波があります。そして波の頂点から下落して、再び頂点まで戻すまでの回復期間（Recovery time）も何度かあります。つまり、死蔵する期間です。この回復期間は120年間の値動きのなかで、合計66年にもなっています。NY

【図19】NYダウの120年間の値動き

出所：Skloff Financial Group（https://skloff.com/the-dow-jones-industrial-average-1896-2016/）

ダウも波の底近くで買った場合は大きく儲かり、波の頂点付近で買った場合は回復までの長い時間をマイナスのなかで耐えることになります。**値動きのしくみと同じことが現実に起こっているのです。**

何十年も続く下落周期が来るかもしれない

　一方で、この120年間の動きを見れば、1896年の値段と2016年の値段では大きく上昇していて、全体が上昇トレンドであることは間違いありません。だから、長期投資すれば値段は上がるという点は正しいということになります。**問題は、人間はそんなに長く生きていないということと、投資資金を回収するときが上昇周期とは限らないということです。**

　直近の下落は2008年の**リーマンショック**です。この急落から回復するには6年を要しています。2021年現在はリーマンショックの急落から回復して、再び上げ始めた段階です。ただ、この6年という回復期間は、120年間のNYダウ歴史のなかで最も早い回復でした。つまり、リーマン

ショックは最も小さなショックだったということです。もしかするとリーマンショックは前兆に過ぎず、この先に何十年という下落周期が来るかもしれません。実際、この120年の間で最も長い回復期間は25年にも及ぶので、こうした大きな波になる可能性は、十分に警戒しておく必要があります。

何十年〜百年に一度、大暴落は起こる

120年の歴史のなかで最も大きな波は1929年の**世界恐慌**でした。波の頂点（高値）をつけてから、暴落して1933年に底（安値）をつけます。1929年からの4年間はずっと下げ続け、この暴落を取り返すのに、米国は21年かかりました。その間には第二次世界大戦があり、**戦場にならなかった米国は世界の生産基地として戦争特需に沸いていたはずですが、それにもかかわらず、回復には25年もかかったのです。**世界恐慌のダメージがいかに大きかったかがわかります。

なお、世界恐慌の前にNYダウは、1924年から1929年の5年間で5倍も急騰していました。誰もが株を買ったということです。その背景には、少額でも投資できる投資信託のしくみがあったこともあります。一般市民が株は儲かりそうだということで、なけなしの資金を投資信託を通じても株式市場へ入れていたわけです。靴みがきの少年も株を買うほどのブームでした。そして、1929年10月にNYダウは暴落し、1933年にNYダウは約10分の1（正確には89％下落）になってしまいます。

世界恐慌のような資産の9割が消えるという暴落は、日本でも起こっています。日経平均は1989年の3万8957円44銭の高値から2008年の6994円90銭の安値まで、9年かけて5分の1（正確には82％下落）になりました。その後13年経っていますが、知っての通りまだ回復していません。

---

memo ✎
上昇トレンドにおいても、暴落や反転への備えが必要

何のために投資をするか
時間軸とメンテナンス頻度

投資先は時間軸から考える

　投資を始めようとする人は多くの場合、株やFX、投資信託、CFD、不動産などを選択して、そのうえで、どのように取引すればうまくいくかを学ぼうとします。しかし、それ以前に**自分がどれだけ投資にコミットメントできるか、投資先のメンテナンスができるか**が大切です。放置していて儲かるということはないからです。

　それでは投資先のメンテナンスとは、どのようなものでしょうか。

　たとえば、不動産を所有していれば、「自分は何もしなくても不動産屋が入居者を見つけ、業者が清掃や内装工事をしてくれるだろう」と思っている人もいるでしょう。もちろん、そのように自分の手をかけないようにすることもできますが、その分収益が減ります。建物の管理まで業者任せにすれば、自分の利益は減っていきます。

　つまり、どんな投資でも程度の差があっても、他人に任せればコストがかかるのです。

ローソク足の時間軸がメンテナンスの軸

　株やFXなど市場取引するもので、メンテナンスの頻度を示すのも**ローソク足**です。つまり、日足で取引する人なら1日に1回は値動きを確認する必要がありますし、週足なら週に1回ですみます。逆に1分足や5分足はずっと値動きを注視することになります。時間軸にはこうした意味もあります。

　こうした値動き確認を、**チャートチェック**といいます。「値動きの均衡点だったこれまでの高値を超えたかどうか」「安値を割ったかどうか」な

ど需給に変化がないかを確認します。これで、売り手と買い手の動向を探ります。この売り手や買い手の動きから、投資したものを**保有**し続けるか、**決済**するかを判断するわけです。

投資対象の金融商品を絞る

　チャートチェックをするには、「対象の金融商品の取引時間」と「自分が取引する時間軸」そして「自分が取引可能な時間帯」で、投資対象となる金融商品が絞られてきます。

「資金が少ないので、短い時間軸で株式信用取引のデイトレやスキャルをしよう」と思っても、会社勤めしていれば現実的ではありません。株式市

【図20】自分に合った投資先を選ぶ

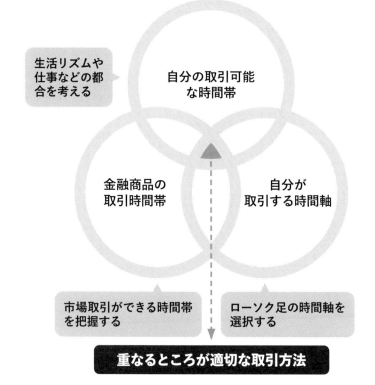

生活リズムや仕事などの都合を考える

自分の取引可能な時間帯

金融商品の取引時間帯

自分が取引する時間軸

市場取引ができる時間帯を把握する

ローソク足の時間軸を選択する

重なるところが適切な取引方法

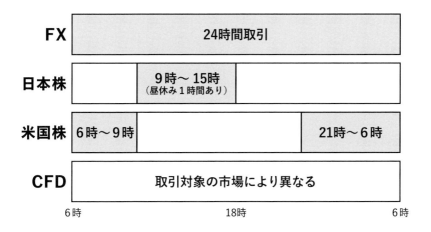

【図21】投資商品の取引可能な時間帯

FX	24時間取引		
日本株		9時〜15時（昼休み1時間あり）	
米国株	6時〜9時		21時〜6時
CFD	取引対象の市場により異なる		

6時　　　　　　　　　　　　18時　　　　　　　　　　　6時

自分が取引可能な時間帯を見つけることが大切

場が開いている時間帯は、会社で仕事をしていなければならないからです。

しかし、同じデリバティブ取引でも、FXは24時間取引可能なので、仕事から帰宅した後の時間でも、スキャルやデイトレが可能になります。

同様に、デイトレではなく、もう少し長い時間軸で取引するために、日足を使うとしましょう。すると、1日に1回値動きを確認することで戦略を立てることもできます。そのため、**仕事を持っている人でも、株や信用やFXなどで取引が可能**になってきます。

1章（32ページ）でも説明したように、「**何のために投資を始めるのか**」という視点を持つことが自分の時間軸を探し、適切な投資先を探すためにも重要なのです。

memo 🖉

自分の時間軸と取引可能な時間帯から、投資先を探す

誰もが試行錯誤しながら
最善の「投資」を探している

投資で重要な要素は、「資金量」と「時間」です。

資金が多ければさまざまな選択が可能ですし、少なければ工夫する必要があります。そして、時間は誰にも平等に与えられていると思いがちですが、投資は未来の時間で行うので残りの寿命が長いほうが有利です。

しかし、若い人は資金も少ないでしょう。となると選択肢は２つ。**長い時間をかけて資金を積み上げてインカムゲインを得るか、リスクを取ってキャピタルゲイン狙いの取引を繰り返して短い時間で資金を増やすか**です。

時間をかけて積み立てるなら安定した仕事を持つことが不可欠です。一方、仕事に不安要素があったり、収入に波があるなら、資金を長期間積み上げる過程で生活の基盤に障害が発生する確率が高いことになります。そういう人は、長期間積み立てる前提が揺らぎかねません。また、投資先として何かを一択している場合にも注意が必要です。

となると、適切なリスクを取る方法を身につけなければなりません。**学びの結果として取引収益が増えれば、どんな時代でも、世界中のど**

こでも収入を得る投資技術を手にすることができます。

　残念ながら未来の時間に余裕がなく、かつ資金量も少ない人がお金を増やすのは、若い人より厳しくなります。このような人が投資で一発逆転を狙うのは、かなり危険です。すべてを一度に失う可能性が高いからです。

　そこで、**まずは短期取引の技術を身につけるべく効率的に練習する**のがおすすめです。お金を使わないデモトレードや紙上での取引シミュレーションによって、自分が投資で儲ける方法、つまり「自分の投資法」を確立させることが最優先です。これで結果が出るようなら、できるだけ少額から短期取引を実践して、本当に利益になるかを確かめます。現実に利益が出るようになったら、投資額を少しずつ増やしていくことで、投資資金も増えますし、複利も使えます。

　投資やトレーディングは、加速度的にお金を増やせる可能性がありますが、一方で、一気にお金が減るリスクもあります。素人が十分な練習もなしにうまくいくはずがありません。このシミュレーション過程ではその人の投資適性も判断できます。**地道な練習が続かない人は、そもそも投資に向きません。**キッパリと投資を諦め、できるだけ質素な生活で支出を大きく減らして、今ある資産をできるだけ温存するほうがよさそうです。

　本書をはじめ拙著で、「この方法をそのままやれ」と伝えているものはありません。いずれも基本的考え方や相場のしくみを説明しています。この**基本をもとに「自分の投資」を自分で考えてほしいのです。**

著者紹介

田向宏行（たむかい　ひろゆき）

50代。専業投資家。

学生時代、何年も資格試験に挑戦するも失敗。就職しそこねて、生活のために事業を始める。同級生から出遅れたので、会社経営の合間に1989年から投資も開始。最初は金の積立や株式現物で、一部は現在も保有。十数年で事業を売却しその後は投資に専念。ＦＸ取引は2007年から開始し、収入の柱とする一方、株式や不動産などの投資で少しずつ資産形成。週の半分はテニスで加齢と闘う。

2009年ブログ虹色FXを開始。2010年月刊FX攻略.com でFXコラムの連載開始。

2011年よりインヴァスト証券 総合情報サイトINVAST NAVIに為替予想を執筆。

2012年より西原宏一メルマガで、ディナポリ・チャートを使った相場分析を担当。

2016年11月　テレビ東京　ワールドビジネスサテライト他、テレビ出演。

FXや投資関連書籍の企画やラジオNIKKEIの番組制作、FXセミナーの企画構成やレポートの執筆、YENSPA！などへの寄稿など幅広く活動。

著書に『相場の壁とレンジで稼ぐFX』、『ずっと使えるFXチャート分析の基本』、『1日2回のチャートチェックで手堅く勝てる兼業FX』(自由国民社)、『臆病な人でも勝てるFX入門』(池田書店)、共著に『2021年版 FXの稼ぎ技228』(スタンダーズ)、他４冊、DVDに『ダウ理論で読み取る FXシンプルチャート分析』(パンローリング)などがある。

ブログ(虹色FX)　http://maru3rd.blog85.fc2.com/
ツイッター　https://twitter.com/maru3rdで日々、情報発信中

誰でも学べば一生役立つ投資の基本技術

発　　行	2021年8月3日	初版第1刷発行

著　　者	田向宏行
発行者	石井　悟
発行所	株式会社自由国民社
	〒171-0033　東京都豊島区高田3-10-11
	TEL　03(6233)0781(営業部)　TEL　03(6233)0786(編集部)
印刷所	横山印刷株式会社
製本所	新風製本株式会社
編集協力・本文デザイン	株式会社ループスプロダクション
カバーデザイン	吉村朋子